中国高速公路
财务与运作参考模型
HiFORM

王任勇 包 兴 著

清华大学出版社
北京

内 容 简 介

HiFORM 是针对中国高速公路运营管理开发的财务与运作参考模型,旨在为行业提供一套标准通用、层级分明和定义清晰的模型框架及指标体系。HiFORM 遵循国际通行的运营管理模型开发范式,具有三个突出特点:高度抽象和结构化、优秀的"+"能力和个性化能力、出色的管理工具和内涵。HiFORM 可用于行业对标、企业管理诊断、绩效考核和管理优化,为企业高中基层管理者、研究者和数字技术开发者提供一套逻辑思考范式和工具体系。

本书适合从事高速公路运营管理的学者、研究生、本科生、各层级管理者及相关从业人员阅读。

本书封面贴有清华大学出版社防伪标签,无标签者不得销售。
版权所有,侵权必究。举报:010-62782989,beiqinquan@tup.tsinghua.edu.cn。

图书在版编目(CIP)数据

中国高速公路财务与运作参考模型:HiFORM/王任勇,包兴著. —北京:清华大学出版社,2023.12
ISBN 978-7-302-65025-6

Ⅰ.①中⋯ Ⅱ.①王⋯ ②包⋯ Ⅲ.①高速公路-公路运输企业-财务管理-研究-中国 Ⅳ.①F540.58

中国国家版本馆 CIP 数据核字(2023)第 231927 号

责任编辑:刘士平
封面设计:傅瑞学
责任校对:袁 芳
责任印制:丛怀宇

出版发行:清华大学出版社
网　　址:https://www.tup.com.cn,https://www.wqxuetang.com
地　　址:北京清华大学学研大厦 A 座　　邮　编:100084
社 总 机:010-83470000　　邮　购:010-62786544
投稿与读者服务:010-62776969,c-service@tup.tsinghua.edu.cn
质量反馈:010-62772015,zhiliang@tup.tsinghua.edu.cn

印 装 者:三河市人民印务有限公司
经　　销:全国新华书店
开　　本:170mm×240mm　　印　张:8　　字　数:115 千字
版　　次:2023 年 12 月第 1 版　　印　次:2023 年 12 月第 1 次印刷
定　　价:68.00 元

产品编号:104320-01

前　言

高速公路智慧运营管理中心（Highway Finance and Operations Reference Model，HiSORC）是高速公路财务与运作参考模型，旨在为行业的理论和实践提供一套标准通用、层级分明和定义清晰的模型框架及指标体系。HiFORM 有以下三个突出的特点。

1. 高度抽象和结构化

HiFORM 是国内第一个参照国际运作模型通行范式，对中国高速公路财务和业务运作进行理论抽象的参考模型。中国高速公路行业的管理者、实践者和研究者第一次在同一框架下进行结构化思考、对话交流和对标管理。

2. 优秀的"＋"能力和个性化能力

HiFORM 采用开放的框架设计体系，通过"＋"在 HiFORM 各层级上均可引入不同的元素，来满足企业在运作战略、战术和作业层面上的个性化需求。"＋"能力使 HiFORM 具备了出色的横向兼容和纵向拓展能力，使得该模型能同时满足行业通用需求和企业个性化需求。

3. 出色的管理工具和内涵

HiFORM 为企业财务和运作绩效的分析、诊断提供了一套结构完整的工具，其丰富的指标也为企业绩效考核、数字化应用提供了"菜单式"索引。更重要的是，HiFORM 本质上是一个结构化思维体系，有助于降低企业各层级各部门之间的对话和沟通成本，增进企业的管理协同，也有助于高级管理人才的培养。

作　者

2023 年 10 月

作者简介

王任勇,浙江省交通集团高速公路嘉兴管理中心党委副书记、副总经理(主持工作),经济师,毕业于宁波大学地理系及中国政法大学法学专业。浙江省交通投资集团有限公司讲师,受邀为浙江大学继续教育学院高速公路企业管理讲师。近年来,主导完成高速公路智慧化管控相关实用新型专利3项、软件著作权1项,参与完成实用新型专利1项、外观设计专利1项,常年研究高速公路"业财融合"质量对标指标体系。

包兴,浙江财经大学工商管理学院企业管理系教授、硕士生导师,高速公路智慧运营管理研究中心(HiSORC)主任。上海交通大学安泰经济与管理学院企业管理博士,美国匹兹堡 Katz 商学院国家公派访问学者,浙江省第二批"之江青年社科学者"。近年来,主持完成了国家和省部级科研项目8项,在 OMEGA、IJPE、IJPR、《系统工程理论与实践》《中国管理科学》等国内外权威核心期刊发表论文近50篇,为浙江省交通投资集团、浙江省电力公司、浙江省能源公司、浙江移动、东风日产等国内大型企业提供管理咨询和培训服务。

关于 HiSORC

高速公路智慧运营管理研究中心（HiSORC）隶属于浙江财经大学工商管理学院，致力于中国高速公路数字化、智能化运营管理的研究，为企业提供优秀的建模、数据计算和咨询服务。

HiSORC 于 2023 年由包兴教授创立，中心拥有 5 位教授和副教授、4 位博士，专业领域横跨企业管理、计算机和信息管理。团队拥有出色的运营管理分析、大数据建模、计算机仿真和数字产品开发能力，承担国家自然科学基金、浙江省自然科学基金、教育部人文社科基金、中国博士后科学基金等国家和省部级项目 20 余项，在国内外权威核心期刊发表论文百余篇、出版专著 10 余部，累计培养硕士研究生 30 余名。

近年来，HiSORC 先后为浙江交投高速公路运营管理公司、浙江沪杭甬高速公路有限公司提供管理咨询和数据计算服务，例如杭金衢高速公路交通保畅双效分析与改进咨询、沪杭甬高速公路清障力量投入配置和有效性计量分析。HiSORC 团队认真、细致和公正的服务深受委托方的好评。

HiSORC 已有和正在研发的数据分析模型如下。

- 车道级流量车速双效计量模型
- 主线管控流量车速损失计量模型
- 细颗粒度流量收入预测模型
- 清障力量和结构配置模型
- 交通事故时空预警决策模型

HiSORC 期待与行业建立深入沟通和协作，共同推进中国高速公路的智慧运营管理的发展。

HiSORC 简介与项目经历

目 录

1 HiFORM 概览 ··· 1
   1.1 HiFORM 是什么 ·· 1
   1.2 HiFORM 模型框架 ·· 2
   1.3 关于 HiFORM 的几个说明 ··· 6
   1.4 HiFORM 指标层级索引 ··· 8

2 财务维度 ··· 11
   2.1 概览 ··· 11
   2.2 收入的层级结构 ·· 13
   2.3 成本的层级结构 ·· 16
   2.4 利润的层级结构 ·· 24

3 运作维度 ··· 27
   3.1 概览 ··· 27
   3.2 营运的运作模型 ·· 29
   3.3 保畅的运作模型 ·· 48
   3.4 养护的运作模型 ·· 67
   3.5 机电的运作模型 ·· 85

4 **行业实践：浙江沪杭甬嘉兴管理中心保畅部门指标体系、权重与绩效** 101

   4.1 案例背景 101

   4.2 指标体系、权重计算和考核说明 102

   4.3 数据搜集与绩效分析 104

附录 107

   附录 1 收费公路车辆通行费客车车型分类 107

   附录 2 收费公路车辆通行费货车车型分类 107

   附录 3 收费公路车辆通行费专项作业车车型分类 108

   附录 4 小客车当量 PCU 折算系数 108

   附录 5 主线拥堵缓行的定义 109

   附录 6 公路技术状况指数 MQI 109

   附录 7 路面技术状况指数 PQI 110

   附录 8 桥隧构造物技术状况指数 BCI 111

   附录 9 沿线设施技术状况指数 TCI 112

   附录 10 路基技术状况指数 SCI 112

   附录 11 AHP 层次分析法的指标权重计算理论与方法 113

致谢 117

1　HiFORM 概览

1.1　HiFORM 是什么

　　HiFORM 是高速公路财务和运作参考模型,旨在为中国高速公路行业、实践者和研究者提供一个结构化、可视化的通用业财运作参考框架和指标体系。

　　HiFORM 是国内第一个高速公路财务和运作参考模型,其开发遵循了国际知名的 SCOR 模型架构范式[①]。在理论抽象过程中,HiFORM 大量参考了财务管理和运作管理的基本原理与理论,拥有出色的通用性、清晰的结构层次、强大的开放性和可扩展性,具备优秀的行业和企业应用能力。

　　1. 行业应用

　　(1) HiFORM 是一个标准、规范、通用的高速公路财务与运作参考模型。中国高速公路行业内各企业可以在同一套框架下进行思考、交流和对话,同时还可以在同一套指标体系下实现企业内部对标和行业对标。

　　(2) HiFORM 框架层级分明,是一个很好的指标体系。它为高速公路运营管理的从业者和实践者提供了一个完备的目录框架和丰富的指标体系,同时也为行业白皮书的制作提供了一个很好的逻辑框架。

---

　　① SCOR(supply chain operations reference mode,供应链运作参考模型),国际供应链协会(Supply Chain Council,SCC)于 1996 年发布了第一版,至今已更新至 SCOR 12.0,是当前国际供应链管理领域最权威、使用最广泛的参考模型。通用、宝洁、苹果、特斯拉等企业的供应链构建与实践均参考了 SCOR 模型。

　　HiFORM 的愿景:正如 SCOR 抽象了供应链,HiFORM 抽象了高速公路。

2. 企业应用

（1）HiFORM 是一套结构化的管理工具。它为企业了解、诊断各业务部门的运作绩效提供了一个结构化的参考框架，为企业的运作战略设计、全面预算管理、目标设定、绩效考核等管理工作提供了强大的可视化管理工具。

（2）HiFORM 是一套沟通协调工具。它的结构化模型和通用指标架构，有助于企业形成一个统一的思维和对话体系，有助于提高企业各部门、各层级之间的沟通效率、减少跨部门的协调成本，同时也有助于综合管理人才的培养。

（3）HiFORM 也是企业数字化开发和应用的字典。该模型体现的"＋"思想，能为数字化应用开发提供指引。因为数字化不应该只是数字中台、实时看板、智能决策模型和报表智能化等软件应用系统，其核心应是服务于企业财务与业务部门的管理协同、流程优化和科学决策。

1.2 HiFORM 模型框架

HiFORM 是一个两维度三层结构模型，其横向覆盖的维度和纵向覆盖的层级如图 1-1 所示。

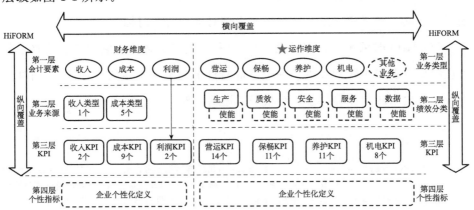

图 1-1 HiFORM 的维度与层次结构

HiFORM 的横向:覆盖了财务和运作两个维度,其中财务维度包含收入、成本和利润三个会计要素,运作维度包含营运、保畅、养护和机电四个业务①。需要注意的是,运作维度四个业务部门的基础运作模型是 HiFORM 的核心。因为全国几乎所有的高速公路运营管理公司均包含这四大业务部门,它们的运作绩效是企业经营绩效的基础,同时也是财务维度模型框架构造的基础。

HiFORM 的纵向:财务和运作维度均采用了三层结构模型。财务维度的三层结构模型分别按照会计要素、业务来源和财务 KPI 进行架构;运作维度的三层结构模型则按照业务类型、绩效分类和运作 KPI 进行架构。尽管 HiFORM 提及了第四层,但该层指标体现企业的个性化,因此没有对其进行定义②。

HiFORM 拥有强大的横向组合和纵向细化能力。

1. 横向"+":满足业务部门的多维目标管理和跨部门协同联动

首先,高速公路每个业务部门的运作并不是一个"孤岛",而是需要与其他部门合作与联动来达成本部门的绩效目标。以图 1-2 中的营运部门为例:"营运+保畅"体现了两个业务部门协同与联动;"营运+收入""营运+成本"体现部门的收入管理和成本控制的任务。

其次,业务部门还有多目标管理要求。除了财务与运作维度,业务部门的目标还需要考虑其他维度③。例如图 1-2 中,"营运+技术创新"体现了营运部门的技术创新要求。

2. 纵向"+":部门运作的纵向细化提供了一个可视化的框架

首先,业务部门会在原有基础上增加新的工作内容。以图 1-3 中的营运部门为例,出于增收目的,收费站探索引车上路服务,通过对超限车辆进行安全加固和超载分流等,重新让其通过收费站。该项服务隶属于营运部门的生产类别,因此只要在第三层"+引车上路服务车辆数",即可体现营运部门新的业务。

---

① 一些高速公路公司设置了营销部门,但该部门的业务大多仍处于探索状态,因此本版未将其纳入。
② 在第三层 KPI 指标的描述表格中,HiFORM 罗列了一些个性化指标供企业参考。
③ 除了技术创新,其他维度还有社会责任与绿色、投资等。这些维度体现的是企业的经营战略,而经营战略在战略管理的概念范畴下是体现企业个性化的,因此本版并未对其覆盖。

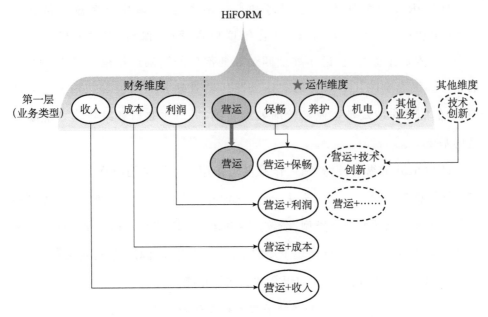

图 1-2　HiFORM 的横向"＋"

注：横向"＋"主要发生在第一层。

其次，根据部门运作绩效管理需要，管理者需要增加一些新的个性化指标。继续以图 1-3 的营运部门为例，不同路段通行费构成不同，管理者可在第四层增加一些个性化指标（如客车通行车辆数、货车通行车辆数、人均服务车辆数）来指导业务开展和管理改善。

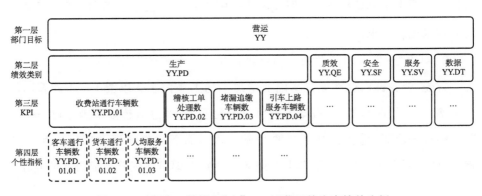

图 1-3　HiFORM 的纵向"＋"——以营运的生产绩效为例

注：纵向"＋"主要发生在第二至四层。

HiFORM 各层的描述与说明如表 1-1 所示。

表 1-1　HiFORM 各层的描述与说明

HiFORM	层级	描述	说明
覆盖范围	第一层（宏观层目标）	财务维度按照会计要素分类：收入、成本和利润 运作维度按照业务部门分类：营运、保畅、养护、机电	第一层从宏观层面描述了财务与业务部门运作需要达到的目标 (1)"+"外部维度，例如"业务+技术创新"体现运作战略，"业务+收入/成本/利润"体现业财融合目标 (2)"+"内部维度，例如"业务A+业务B"体现两个业务部门联动
覆盖范围	第二层（中观层绩效）	财务维度：根据业务来源，收入有1个指标，成本有5个指标，利润则不设二级指标 运作维度：为每个业务部门配置了5个通用绩效类别，例如生产、质效、安全、服务和数据；每个绩效配置1个管理使能	第二层从中观层面描述了财务与业务的绩效，是对第一层目标的分解 (1)收入和利润按业务来源分类，成本则按业务部门和非业务部门成本分类；业务部门的绩效分类可从5个绩效中按需拣选 (2)"+"：可将不同维度同层的指标组合成新的绩效类别
覆盖范围	第三层（微观层KPI）	财务维度：收入下辖2个KPI，成本下辖9个KPI，利润下辖2个KPI 运作维度：营运下辖14个KPI、保畅下辖11个KPI、养护下辖11个KPI、机电下辖8个KPI	第三层从微观层面定义了财务和业务部门的KPI，是对第二层的细化，这些KPI可用于管理诊断、内部对标和行业对标
未覆盖	第四层（个性指标）	企业可根据自身管理需要，对第三层KPI进行个性化定义	第四层体现企业的个性化，体现不同企业的运作风格和管理重心，是对第三层KPI的细化和个性化，这些指标可用于企业的管理诊断、分析、优化和考核

尽管 HiFORM 涵盖了财务和运作两个维度，但其核心贡献在于对高速公路的四大业务部门的运作管理进行了理论抽象与描述，给出了适用于中国高速公路行业的通用框架模型和指标体系。

第一层（宏观层目标）：定义了高速公路运营管理涉及的各业务部门。本层用于帮助企业高层管理者和各区域管理中心负责人制定业务部门的运作目标。

第二层（中观层绩效）：定义了各业务部门运作关注的绩效类别，是对第一层目标的绩效分解。本层基于运作管理原理，用 5 个通用绩效类型——生产（productivity）、质效（quality & effectiveness）、安全（safety）、服务（service）和数据（data）——描述了各业务部门的运作目标；同时对每个绩效类型附加 1 个管理使能（enable），来推动部门运转并达成绩效目标。

第三层(微观层 KPI):定义了每项绩效的 KPI,是对第二层绩效的指标分解。宏观目标和中观绩效都依赖于第三层 KPI,帮助管理者量化和细化业务部门的具体运作要求,同时这些 KPI 还可为管理者提供微观运作分析、管理诊断和优化、企业内部对标和行业对标。

第四层(个性指标):定义企业个性化管理所需的指标,是对第三层 KPI 的细化分解。该层可辅助第三层 KPI 的细化描述,其作用与第三层类似。由于该层涉及企业的个性化管理,因此 HiFORM 不对其进行定义。

1.3 关于 HiFORM 的几个说明

问 1:为什么所有业务部门的运作模型都采用同一套撰写结构?

答:从企业角度,HiFORM 希望各业务部门的管理者和员工都能够在同一套规范、同一个框架下思考、交流和对话。这不仅可降低部门内部与部门之间的沟通成本,同时也有助于综合型和高级别管理人才的培养。从行业角度来说,同一套思维规范也有助于高速公路行业的交流和对标。

生产、质效、安全、服务和数据这五个绩效是 HiFORM 依据运营管理原理进行高度抽象的,它们几乎覆盖了高速公路四大业务部门所需要达成的运作绩效类别,同时它们的属性符合统计分类独立,有助于权重指标的计算。也正是因为这五个通用绩效类别,HiFORM 才能实现"用同一套规范去思考、对话、交流和对标"。

这五个绩效属性的描述如下。

- 生产(productivity):描述各业务部门的生产能力(capacity)和生产效率(efficiency)[①]。

- 质效(quality & effectiveness):描述各业务部门生产产出的质量和效能。

---

① 效率(efficiency)和效能(effectiveness)在生产运作管理中不是同一个概念。前者关注的是完成任务的速度,后者关注的是任务完成后的影响。

- 安全(safety):描述各业务部门运作活动的安全绩效。
- 服务(service):描述各业务部门对外部客户和对内部客户的服务绩效。
- 数据(data):描述各业务条线的数据绩效。

管理使能(enable):对前5个绩效进行描述和补充的管理规章制度、业务操作文档、安全合规制度、特殊规定要求、案例知识库等。

问2:为什么质量(quality)没有单列为通用绩效属性?

答:高速公路的运营具有很强的服务属性①。

首先,安全、高效服务于车辆通行是各业务部门协同运作的结果。例如,养护部门提供的道路质量对营运部门来说是影响其运作效能的硬件载体,机电部门的运维质量、保畅部门的清障施救和道路管制也会影响到营运部门的生产效能。因此,对于高速公路各业务部门来说,质量和效能是混合的,将其区分并不合理。

其次,过多的绩效类别并不能体现"精细化"管理。因为当绩效类别超过5个后,会给管理工作带来"维数灾难"②,不仅给中高层管理者增加了管理负担,同时也压缩了基层管理或员工的自主空间,降低了他们工作和创新的积极性。因此,本着顶层框架需要为底层留有空间的原则,HiFORM中各业务部门的各层级指标数量都不建议超过5个。

问3:为什么要管理使能(enable)?

答:HiFORM是一个面向行业的通用基础框架,其第三层KPI(以及第四层指标)可能无法覆盖业务部门所有的工作,也无法满足企业所有的个性化经营需要。事实上,管理使能非常重要:一个高速公路运营管理公司的管理能力通常体现在管理使能中的各项规章、制度、流程等。因此,一个设计良好、执行高效的管理使能,既是运作绩效的保障,也是一个企业优秀的体现。然而,也正是因为管理使能的个性化,使其无法像业务部门那样可以结构化描述,因此HiFORM并没有对管理使能进行模型构造。

---

① 尽管高速公路涉及工程建设,但一旦建设完成之后,其运营管理的重心是服务于车辆通行。

② 维数灾难源自组合数学,其原理是,当属性类型数量增加后,计算量会呈指数倍增长的一种现象,最后导致计算资源耗费陷入灾难状态,却又无法得到令人满意的结果。管理者没有计算机强大的计算能力,研究显示,如果管理幅度超过7项,就会引发极大的管理压力,反而降低了管理效能。

1.4 HiFORM 指标层级索引

HiFORM 一共提供了 57 个 KPI 指标，它们的层级索引如表 1-2 所示。

表 1-2　HiFORM 层级索引

序号	第一层	第二层	第三层 KPI	页码	行业对标
1	收入 RV	通行费收入	每公里每车道通行费收入 RV.01.01	14	√
2			通行费收入完成率 RV.01.02	15	
3	成本 CO		百元通行费收入营业总成本 CO.00.01	17	√
4			百元通行费收入人工总成本 CO.00.02	18	√
5			百元通行费收入行政总成本 CO.00.03	19	√
6			百元通行费收入折旧摊销总成本 CO.00.04	19	√
7			百元通行费收入财务费用 CO.00.05	20	√
8		营运成本	百元通行费收入营运成本 CO.01.01	21	√
9		保畅成本	百元通行费收入保畅成本 CO.02.01	21	√
10		养护成本	百元通行费收入养护成本 CO.03.01	22	√
11		机电成本	百元通行费收入机电成本 CO.04.01	23	√
12	利润 PR		利润总额完成率 PR.00.01	24	
13			净利润率 PR.00.02	25	√
14	营运 YY	生产	收费站通行车辆数 YY.PD.01	39	√
15			稽核工单处理数 YY.PD.02	40	
16			堵漏追缴车辆数 YY.PD.03	41	
17		质效	收费站拥堵时长 YY.QE.01	41	
18			稽查不合格率 YY.QE.02	42	
19		安全	违规车辆行人劝返次数 YY.SF.01	43	
20			收费站现场安全事件次数 YY.SF.02	43	
21		服务	收费站现场服务质量缺陷数量 YY.SV.01	44	
22			客户咨询投诉满意度 YY.SV.02	44	
23		数据	数据分析与管理 YY.DT.01	45	
24		通行费收入	每公里每车道通行费收入 RV.01.01	46	√
25			通行费收入完成率 RV.01.02	46	
26		营运成本	每公里每车道营运成本 YY.CO.01.01	47	√
27		保畅质效	收费站管制率 BC.QE.01	48	

续表

序号	第一层	第二层	第三层 KPI	页码	行业对标
28	保畅 BC	生产	百万车公里清障数 BC.PD.01	57	√
29			清障施救平均时间 BC.PD.02	58	√
30		质效	收费站管制率 BC.QE.01	59	
31			主线畅通率 BC.QE.02	60	√
32			主线平均车速 BC.QE.03	61	√
33		安全	日常道路巡查到位率 BC.SF.01	62	
34			保畅现场安全事件次数 BC.SF.02	63	
35		服务	客户咨询投诉满意度 BC.SV.01	63	
36			路产损失理赔率 BC.SV.02	64	
37		数据	数据分析与管理 BC.DT.01	65	
38		保畅成本	每公里每车道保畅成本 BCCO.02.01	65	√
39	养护 YH	生产	路面技术状况指数 PQI YH.PD.01	76	√
40			桥隧构造物技术状况指数 BCI YH.PD.02	77	
41			沿线设施技术状况指数 TCI YH.PD.03	78	
42			路基技术状况指数 SCI YH.PD.04	78	
43		质效	养护质量缺陷 YH.QE.01	79	
44		安全	日常安全巡检到位率 YH.SF.01	80	
45			养护现场安全事件次数 YH.SF.02	81	
46		数据	数据分析与管理 YH.DT.01	82	
47		养护成本	每公里每车道养护成本 YHCO.03.01	82	√
48			养护计划经费完成率 YHCO.03.02	83	
49		保畅质效	养护引发主线非畅通率 YHBC.QE.01	84	
50	机电 JD	质效	机电信息系统完好率 JD.QE.01	94	
51		安全	日常安全巡检到位率 JD.SF.01	95	
52			机电安全事件次数 JD.SF.02	95	
53		服务	对内客户服务满意度 JD.SV.01	96	
54		数据	数据分析与管理 JD.DT.01	97	
55		机电成本	每公里每车道机电成本 JDCO.04.01	97	√
56			机电工程计划经费完成率 JDCO.04.02	98	
57		保畅质效	机电引发主线非畅通率 JDBC.QE.01	99	

2 财务维度

2.1 概览

财务维度的收入、成本和利润是以运作维度的业务部门经营活动为基础，反映企业/管理中心的经营绩效和管理水平（图 2-1）。

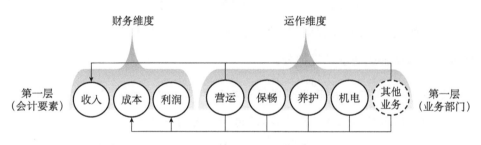

图 2-1 财务维度的会计要素

注：运作维度均可"+"财务维度的收入、成本和利润，体现业财融合目标。

财务部门是财务维度的主责部门，其功能与责任如下。

（1）数据反映：客观、及时、准确地反映企业各部门的经济活动和价值数据，为各部门的运作决策、管理诊断提供财务数据和服务。

（2）财务管控：融入业务运作的各个环节，增强财务对业务活动的事前计划、事中控制、事后反映，提升企业经营管理的系统化和精细化水平。

财务维度的层次结构如图 2-2 所示。

第一层按会计要素分类，包括收入（revenue，标号 RV）、成本（cost，标号 CO）和利润（profit，标号 PR）。该层从宏观层面反映了企业/管理分中心所辖

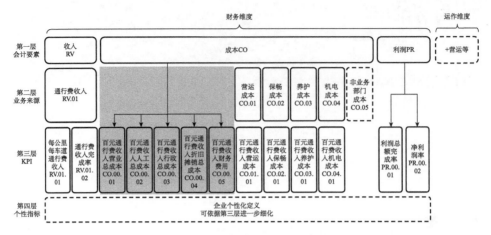

图 2-2 财务维度的指标层级结构

路段的收入、成本和利润绩效。第一层可与其他维度相"+",例如与运作维度的营运部门相加,体现财务与业务的融合。

第二层按业务来源分类。该层一共定义了 6 个指标①,从中观层面上反映业务部门的收入、成本和利润,为第三层 KPI 指标的计算提供基础数据。第二层指标可依据企业需求进行细分。

说明:成本第二层按照业务部门成本和非业务部门成本进行分类,前者包含营运、保畅、养护和机电部门成本,后者为除却前述四个业务部门之外的其他所有成本(例如财务部门、党群部门、综合部门、财务费用、财政保险等其他非业务成本)。HiFORM 建议对每个业务部门成本进行独立核算,这有助于企业了解业务部门真实的成本耗费,对成本精细化管控具有重要意义。

第三层是关键绩效 KPI。该层一共定义了 13 个 KPI 指标,这些指标可用于行业和企业内部对标。第三层 KPI 的汇总如表 2-1 所示。

说明:图 2-2 阴影部分 KPI 是高层管理者最为关心的五个指标,但需要注意的是,这五个指标是业务和非业务部门汇总后的结果。从理论上来讲,每个

---

① 第一层指标成本将按照业务部门成本和非业务部门成本进行划分,总成本=业务部门成本+非业务部门成本,其中营运、保畅、养护和机电四大业务部门的成本是财务需要关注的重点,非业务部门成本可由总成本减去业务部门成本得到。

业务和非业务部门均需要独立核算其人工成本、行政成本、折旧摊销成本和财务费用等。此外,不同公司/中心非业务部门的设置存在较大差异,其成本科目也存在较大差异,因此第二层非业务部门成本CO.05下面不再增设指标,如果需要,可按照公式"非业务部门成本＝营业总成本－业务部门成本"计算即可。

第四层是个性指标。该层是企业根据个性化需求自定义的财务指标,HiFORM并不对其定义,但在第三层指标描述表格(表2-3至表2-14)的备注中进行了示例。

表2-1　财务维度的第三层KPI指标汇总

序号	KPI 名 称	页码	要素分类
1	每公里每车道通行费收入 RV.01.01	14	收入
2	通行费收入完成率 RV.01.02	15	收入
3	百元通行费收入营业总成本 CO.00.01	17	成本
4	百元通行费收入人工总成本 CO.00.02	18	收入
5	百元通行费收入行政总成本 CO.00.03	19	成本
6	百元通行费收入折旧摊销总成本 CO.00.04	19	成本
7	百元通行费收入财务费用 CO.00.05	20	成本
8	百元通行费收入营运成本 CO.01.01	21	成本
9	百元通行费收入保畅成本 CO.02.01	21	成本
10	百元通行费收入养护成本 CO.03.01	22	成本
11	百元通行费收入机电成本 CO.04.01	23	成本
12	利润总额完成率 PR.00.01	24	利润
13	净利润率 PR.00.02	25	利润

2.2　收入的层级结构

收入处在财务维度第一层,英文Revenue,标号RV。

该层指标定量描述了公司/管理中心所辖路段在一定会计期间内主营业务

经营成果,是已实现的全部收入和利润。

收入 RV 的层次结构如图 2-3 所示。收入 RV 下辖 1 个二级指标:通行费收入 RV.01。

说明: 通行费收入是高速公路的主营收入,是行业的重要对标指标。通行费收入描述了公司/管理中心所辖路段在一定会计期间内已实现的各类通行费收入总和。

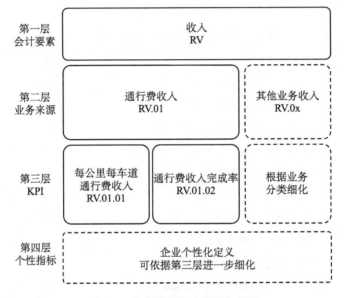

图 2-3　收入 RV 的层次结构模型

注:HiFORM 第一版并没有在第二层考虑其他业务收入 RV.0x,企业可自定义①。

1. 每公里每车道通行费收入 RV.01.01

该指标隶属财务维度第三层,标号 RV.01.01。

该指标反映公司/管理中心下辖主线道路每公里每车道的通行费收入,体现了高速公路主营业务的获利能力。该指标是行业的重要对标指标。

该指标的描述如表 2-2 所示。

---

① 高速公路存在除通行费收入以外的其他业务收入,例如服务区、加油站、充电桩等收入,代管代运营、投资收益也可计入。

表 2-2 每公里每车道通行费收入 RV.01.01

层级	标号	每公里每车道通行费收入 RV.01.01
第三层	公式	每公里每车道通行费收入 = $\dfrac{通行费收入}{里程 \times 车道数}$ 单位:万元/(公里×车道) 说明如下。 • 通行费收入:主线车辆通行费总收入,包括稽查、堵漏追缴等通行费收入 • 里程:以主线起点桩号和终点桩号之间的距离为准 • 车道数:门架横向覆盖的车道数量 • 计算时间窗口:如日、周、月、季度、年
	备注	(1) 该指标值越高,说明通行费收入越好 (2) 该指标可细分至第四层 • 按区域管理中心、路段细分 • 按车辆类型细分,例如,客车、货车等 • 按通行费收入来源细分,例如常规通行费收入、堵漏追缴、稽核收入 • 按变动率细分,例如每公里每车道通行费收入变化率 • 每公里每车道通行费收入变化率 = $\dfrac{本期每公里每车道通行费收入 - 基期每公里每车道通行费收入}{基期每公里每车道通行费收入} \times 100\%$

2. 通行费收入完成率 RV.01.02

该指标隶属财务维度第三层,标号 RV.01.02。

该指标反映公司/管理中心通行费收入目标的完成情况,主要用于公司内部营收管理。

该指标描述如表 2-3 所示。

表 2-3 通行费收入完成率 RV.01.02

层级	标号	通行费收入完成率 RV.01.02
第三层	公式	通行费收入完成率 = $\dfrac{本期通行费收入}{本期目标通行费收入} \times 100\%$ 单位:% 说明如下。 • 本期通行费收入:本期已实现的通行费总收入(包含堵漏追缴和稽核追缴等) • 本期目标通行费收入:期初设定的通行费总收入目标 • 计算时间窗口:月、季度、年

续表

层级	标号	通行费收入完成率 RV.01.02
第三层	备注	(1) 该指标值通常需要≥100%，如果未达标，则需考虑是否出现了不可抗力因素，是否目标设定不合理，是否营收管理能力较弱 (2) 该指标可细分至第四层 • 按区域管理中心、路段细分 • 按通行费收入来源细分，例如： ➢ 通行费收入：以主线门架统计的通行费收入 ➢ 堵漏追缴：收费站现场堵漏追缴的通行费收入 ➢ 稽核收入：稽核工单处理的通行费收入

2.3 成本的层级结构

成本处在财务维度第一层，英文 Cost，标号 CO。

该层指标定量描述了公司/管理中心所辖路段在一定会计期间各业务部门消耗的所有资源，包括营业成本、期间费用等。该指标是企业内部降本增效、全面预算管理的关键对象，也是行业对标的重要指标。

成本 CO 的层级结构如图 2-4 所示。成本 CO 下辖五个二级指标，其中前四个为业务部门成本，第五个为非业务部门成本。

- 营运成本 CO.01
- 保畅成本 CO.02
- 养护成本 CO.03
- 机电成本 CO.04
- 非业务部门成本 CO.05

说明：

- 营业总成本＝业务部门成本＋非业务部门成本。业务部门成本＝营运成本＋保畅成本＋养护成本＋机电成本。非业务部门成本：除业务部门成本之外的其他所有成本项目。HiFORM 建议公司对各个部门的成本进行独立核算，这有助于高层管理者更清晰地了解各项成本的构成，为降本增效和机构部门改革提供指引。

- 图 2-4 中阴影部分的五个指标是按照会计要素来计算的，它们是公司/分中心高层管理者最为关注的指标。从理论上来讲，这五项指标是由业务部门＋非业务部门对应的成本科目汇总得到。

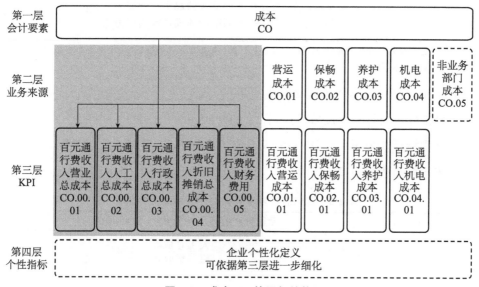

图 2-4　成本 CO 的层级结构

1. 百元通行费收入营业总成本 CO.00.01

该指标隶属财务维度第三层，标号 CO.00.01。

该指标反映公司/管理中心整体的成本管控能力，可用于行业对标。

该指标描述如表 2-4 所示。

表 2-4　百元通行费收入营业总成本 CO.00.01

层级	标号	百元通行费收入营业总成本 CO.00.01
第三层	公式	百元通行费收入营业总成本 ＝ $\dfrac{\text{营业总成本}}{\text{通行费收入}} \times 100$ 单位：元 说明如下： • 通行费收入：利润表中所有类型的通行费收入总和（包含堵漏追缴和稽核追缴等） • 营业总成本：利润表中，本期和基期的营业成本、税金及附加、期间费用总和 • 计算时间窗口：月、季度、年

续表

层级	标号	百元通行费收入营业总成本 CO.00.01
第三层	备注	该指标可细分至第四层 • 营业总成本变化率 = $\dfrac{\text{本期营业总成本} - \text{基期营业总成本}}{\text{基期营业总成本}} \times 100\%$ 总成本变化率可用于公司/分中心与自身往年进行纵向对比 • 按管理中心细分,可分析不同中心的成本控制能力 • 按路段细分,可分析不同路段的成本控制能力 • 按部门细分,可分析不同部门的成本控制能力

注:各部门成本变化率可依据第二层指标进行计算,例如营运成本变化率、保畅成本变化率等;非业务部门成本变化率等。

2. 百元通行费收入人工总成本 CO.00.02

该指标隶属财务维度第三层,标号 CO.00.02。

该指标反映公司/管理中心的人力成本控制水平,可用于行业对标。

该指标描述如表 2-5 所示。

表 2-5 百元通行费收入人工总成本 CO.00.02

层级	标号	百元通行费收入人工总成本 CO.00.02
第三层	公式	百元通行费收入人工总成本 = $\dfrac{\text{人工总成本}}{\text{通行费收入}} \times 100$ 单位:元 说明: • 通行费收入:利润表中所有类型的通行费收入总和(包含堵漏追缴和稽核追缴等) • 人工总成本:业务部门和非业务部门年度应发职工薪酬的总和(薪酬为工资、福利和五险两金等) • 计算时间窗口:年
	备注	(1) 该指标可能会因为新增路段、合并其他中心或部门改革而发生剧烈变化 (2) 该指标可细分至第四层 • 人工总成本变化率 = $\dfrac{\text{本期人工总成本} - \text{基期人工总成本}}{\text{基期人工总成本}} \times 100\%$ • 人均人工成本变化率 = $\dfrac{\text{本期人均人工成本} - \text{基期人均人工成本}}{\text{基期人均人工成本}} \times 100\%$ • 每公里每车道人工成本 = $\dfrac{\text{人工总成本}}{\text{主线里程} \times \text{主线车道数量}}$ • 按职工类型分类,例如一线员工和非一线员工,劳务工和合同工等 • 按员工归属部门分类,例如营运、保畅、养护、机电、行政等人工成本

注:计算人均人工成本时,人员数量采用平均人员数,即平均人员数 = $\dfrac{\text{年初在职人员数} + \text{年末在职人员数}}{2}$。

3. 百元通行费收入行政总成本 CO.00.03

该指标隶属财务维度第三层,标号 CO.00.03。

该指标反映公司/管理中心人员平均占用的行政费用。该指标可用于评估行政成本的控制水平,也可用于行业对标。

该指标的描述如表 2-6 所示。

表 2-6　百元通行费收入行政总成本 CO.00.03

层级	标号	百元通行费收入行政总成本 CO.00.03
第三层	公式	百元通行费收入行政总成本 = $\dfrac{\text{行政总成本}}{\text{通行费收入}} \times 100$ 单位:元 说明如下。 • 通行费收入:利润表中所有类型的通行费收入总和(包含堵漏追缴和稽核追缴等) • 行政总成本:利润表中管理费用包含办公费、场所使用费、邮电费、差旅费、业务招待费、车辆使用等行政经费的总和 • 计算时间窗口:年
	备注	(1) 该指标值越小,反映经营管理中耗费的行政资源越少 (2) 该指标可细分至第四层 • 按行政经费项目细分 • 按经费归属部门细分 • 行政成本总成本变化率 = $\dfrac{\text{本期行政总成本} - \text{基期行政总成本}}{\text{基期行政总成本}} \times 100\%$ • 人均行政成本 = $\dfrac{\text{行政总成本}}{(\text{期初人员数} + \text{期末人员数})/2}$ • 每公里每车道行政成本 = $\dfrac{\text{行政总成本}}{\text{主线里程} \times \text{主线车道数量}}$

4. 百元通行费收入折旧摊销总成本 CO.00.04

该指标隶属财务维度第三层,标号 CO.00.04。

该指标是已投入运营的高速公路年度折旧摊销成本与路段里程之比,反映每公里高速道路应分担的折旧摊销额度。该指标是行业对标的重要指标。

该指标描述如表 2-7 所示。

表 2-7 百元通行费收入折旧摊销总成本 CO.00.04

层级	标 号	百元通行费收入折旧摊销总成本 CO.00.04	
第三层	公 式	百元通行费收入折旧摊销总成本 = $\dfrac{\text{折旧摊销总额}}{\text{通行费收入}} \times 100$ 单位:元 说明如下。 • 通行费收入:利润表中所有类型的通行费收入总和(包含堵漏追缴和稽核追缴等) • 折旧摊销总额:年度计提的折旧摊销额 • 计算时间窗口:年	
	备 注	(1) 该指标值越大,道路运营成本越大 (2) 该指标可细分至第四层 • 折旧摊销总成本变化率 = $\dfrac{\dfrac{\text{本期折旧}}{\text{摊销总额}} - \dfrac{\text{基期折旧}}{\text{摊销总额}}}{\text{基期折旧摊销总额}} \times 100\%$ • 每公里每车道折旧摊销成本 = $\dfrac{\text{本期折旧摊销总额}}{\text{主线里程} \times \text{主线车道数量}}$ • 可按管理中心、路段细分 • 可按折旧摊销类型细分 • 可按折旧摊销归属部门细分	

5. 百元通行费收入财务费用 CO.00.05

该指标隶属财务维度第三层,标号 CO.00.05。

该指标反映公司/管理中心为筹集生产经营所需资金等而发生的筹资费用。该指标是行业对标的重要指标。

该指标描述如表 2-8 所示。

表 2-8 百元通行费收入财务费用 CO.00.05

层级	标 号	百元通行费收入财务费用 CO.00.05
第三层	公 式	百元通行费收入财务费用 = $\dfrac{\text{本期财务费用总额}}{\text{通行费收入}} \times 100$ 单位:元 说明如下。 • 通行费收入:利润表中所有类型的通行费收入总和(包含堵漏追缴和稽核追缴等) • 本期财务费用总额:包括利息支出、汇兑损益,以及相关的手续费、商业汇票贴现发生的贴现利息、企业发生或收到的现金折扣等 • 计算时间窗口:年

层级	标号	百元通行费收入财务费用 CO.00.05
第三层	备注	(1) 该指标值越低,说明企业的财务费用越低,财务状况越好 (2) 该指标可细分至第四层 • 财务费用变化率 $= \dfrac{\text{本期财务费用总额} - \text{基期财务费用总额}}{\text{基期财务费用总额}} \times 100\%$ • 每公里每车道财务费用 $= \dfrac{\text{本期财务费用总额}}{\text{里程} \times \text{车道数}}$ • 可按管理中心、路段、部门归属细分

6. 百元通行费收入营运成本 CO.01.01

该指标隶属财务维度第三层,标号 CO.01.01。

该指标反映公司/管理中心的营运部门的营运成本占通行费收入之比,是行业对标的重要指标。

该指标的描述如表 2-9 所示。

表 2-9 百元通行费收入营运成本 CO.01.01

层级	标号	百元通行费收入营运成本 CO.01.01
第三层	公式	百元通行费收入营运成本 $= \dfrac{\text{营运成本}}{\text{通行费收入}} \times 100$ 单位:元 说明: • 通行费收入:利润表中所有类型的通行费收入总和(包含堵漏追缴和稽核追缴等) • 营运成本:利润表中的主营业务成本归属于营运业务的所有成本,包含营运部门的人工成本、折旧摊销成本、行政管理成本等 • 计算时间窗口:年
	备注	(1) 该指标值越小,说明营运部门的成本管控越好 (2) 该指标可细分至第四层 • 每公里每车道营运成本(参见表 3-10,第 47 页) • 每公里每车道营运人工成本(参见表 3-10 备注,第 47 页) • 每公里每车道营运折旧摊销成本(参见表 3-10 备注,第 47 页) 由上述指标均可计算对应的变化率

7. 百元通行费收入保畅成本 CO.02.01

该指标隶属财务维度第三层,标号 CO.02.01。

该指标反映保畅成本占通行费收入之比,可用于行业对标。

该指标描述如表 2-10 所示。

表 2-10　百元通行费收入保畅成本 CO.02.01

层级	标号	百元通行费收入保畅成本 CO.02.01
第三层	公式	百元通行费收入保畅成本 = $\dfrac{\text{保畅成本}}{\text{通行费收入}} \times 100$ 单位：元 说明如下。 • 通行费收入：利润表中所有类型的通行费收入总和（包含堵漏追缴和稽核追缴等） • 保畅成本：利润表中的主营业务成本归属于保畅业务的所有成本，包含保畅部门的人员薪酬、折旧摊销成本、后勤保障成本等 • 计算时间窗口：年
	备注	(1) 该指标值越小,说明保畅部门的成本管控越好 (2) 该指标可细分至第四层 • 每公里每车道保畅成本（参见表 3-22,第 66 页） • 每公里每车道保畅人工成本（参见表 3-22 备注,第 66 页） • 每公里每车道保畅折旧摊销成本（参见表 3-22 备注,第 66 页） • 每公里每车道保畅后勤保障成本（参见表 3-22 备注,第 66 页） 由上述指标均可计算对应的变化率

8. 百元通行费收入养护成本 CO.03.01

该指标隶属财务维度第三层,标号 CO.03.01。

该指标反映养护成本占通行费收入之比。该指标可用于衡量养护部门的成本控制水平,可用于行业对标。

该指标描述如表 2-11 所示。

表 2-11　百元通行费收入养护成本 CO.03.01

层级	标号	百元通行费收入养护成本 CO.03.01
第三层	公式	百元通行费收入养护成本 = $\dfrac{\text{养护成本}}{\text{通行费收入}} \times 100$ 单位：元 说明如下。 • 通行费收入：利润表中所有类型的通行费收入总和（包含堵漏追缴和稽核追缴等） • 养护成本：利润表中的主营业务成本归属于养护业务的所有成本，包含养护部门的人员薪酬、折旧摊销成本等 • 计算时间窗口：年

层级	标 号	百元通行费收入养护成本 CO.03.01
第三层	备 注	(1) 该指标值越小,说明养护部门的成本管控越好 (2) 该指标可细分至第四层 • 每公里每车道养护成本(参见表 3-32,第 83 页) • 每公里每车道养护人工成本(参见表 3-32 备注,第 83 页) • 每公里每车道养护折旧摊销成本(参见表 3-32 备注,第 83 页) • 每公里每车道养护服务外包成本(参见表 3-32 备注,第 83 页) • 可按养护类型分类:如日常和专项养护 • 可按养护对象分类:如 PQI、BCI、TCI、SCI(参见表 3-25 至表 3-28,第 76 至 79 页) 由上述指标均可计算对应的变化率

9. 百元通行费收入机电成本 CO.04.01

该指标隶属财务维度第三层,标号 CO.04.01。

该指标反映机电成本占通行费收入之比。该指标可用于衡量机电部门的成本控制水平,可用于行业对标。

该指标描述如表 2-12 所示。

表 2-12 百元通行费收入机电成本 CO.04.01

层级	标 号	百元通行费收入机电成本 CO.04.01
第三层	公 式	$$百元通行费收入机电成本 = \frac{机电成本}{通行费收入} \times 100$$ 单位:元 说明如下。 • 通行费收入:利润表中所有类型的通行费收入总和(包含堵漏追缴和稽核追缴等) • 机电成本:利润表中的主营业务成本归属于机电业务的所有成本,包含机电部门的人员薪酬、折旧摊销成本、能源动力成本等 • 计算时间窗口:年
	备 注	(1) 该指标值越小,说明机电部门的成本管控越好 (2) 该指标可细分至第四层 • 每公里每车道机电成本(参见表 3-41,第 98 页) • 每公里每车道机电人工成本(参见表 3-41 备注,第 98 页) • 每公里每车道机电折旧摊销成本(参见表 3-41 备注,第 98 页) • 每公里每车道机电能源动力成本(参见表 3-41 备注,第 98 页) • 按机电系统分类,例如收费系统、监控系统、通信系统、隧道机电系统、供配电及照明系统等 • 可按机电运维类型分类:日常和专项机电工程运维 由上述指标均可计算对应的变化率

2.4 利润的层级结构

利润处在财务维度第一层,英文 Profit,标号 PR。

该指标定量描述了公司/管理中心所辖路段在一定会计期间内利润表中的利润。该指标是行业对标的重要指标。

该指标的层级结构如图 2-5 所示。该指标下辖 2 个三级 KPI。

- 利润总额完成率 PR.00.01
- 净利润率 PR.00.02

说明:利润总额完成率和净利润率是按照会计要素来计算的,反映的是公司/分中心总体的利润变动情况,这两个指标是公司/分中心高层管理者/财务部门最为关注的指标。

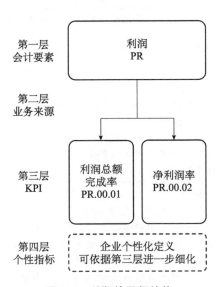

图 2-5 利润的层级结构

1. 利润总额完成率 PR.00.01

该指标隶属财务维度第三层,标号 PR.00.01。

该指标反映公司/管理中心一定会计期间目标利润总额的完成情况,反映利润持续增长的能力与变动趋势。该指标是考核公司/管理中心利润绩效的关键指标。

该指标描述如表 2-13 所示。

表 2-13　利润总额完成率 PR.00.01

层级	标号	利润总额完成率 PR.00.01
第三层	公式	利润总额完成率 $= \dfrac{\text{本期利润总额}}{\text{本期目标利润总额}} \times 100\%$ 单位:% 说明如下。 • 本期利润总额:本期已完成利润,为税前利润 • 本期目标利润总额:本期期初下达的利润总额目标 • 计算时间窗口:月、季度、年
	备注	(1) 该指标值通常需要≥100%,如果未达标,则需考虑是否出现了不可抗力因素,是否目标设定不合理,是否营收管理能力较弱 (2) 该指标可细分至第四层 • 按区域管理中心、路段细分 • 按利润来源细分,例如: ➢ 通行费利润完成率:主线通行费收入、堵漏追缴和稽核追缴等所有收入对应的利润完成率 ➢ 其他业务利润完成率:服务区、加油站、充电站、代管代运营等业务收入的利润完成率

2. 净利润率 PR.00.02

该指标隶属财务维度第三层,标号 PR.00.02。

该指标反映公司/管理中心的盈利能力,表示每一元收入所得的净利润。该指标是衡量公司/管理中心盈利能力的重要指标,是行业对标的重要指标。

该指标描述如表 2-14 所示。

表 2-14　净利润率 PR.00.02

层级	标号	净利润率 PR.00.02
第三层	公式	净利润率 $= \dfrac{\text{净利润}}{\text{总收入}} \times 100\%$ 单位:% 说明如下。 • 净利润:利润表中的税后利润 • 总收入:利润表中的总收入 • 计算时间窗口:月、季度、年
	备注	(1) 该指标越大,说明利润完成情况越好,可用于行业对标 (2) 该指标可细分至第四层 按公司、管理中心、业务部门分类

3 运作维度

3.1 概览

运作维度的模型按照高速公路的营运、保畅、养护和机电四个业务部门进行架构(图 3-1)①。

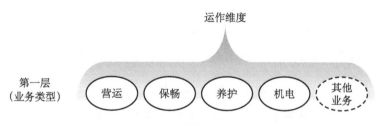

图 3-1 高速公路运营管理的四大业务部门

注意:虚框中的"其他业务"可由企业自定义。

四个业务部门承担的运作功能与责任如下。

(1)营运部门:承担辖区内车辆通行费征收和收费周边服务等工作,是高速公路营收的核心来源部门,同时也是企业对外展示的重要窗口和品牌形象的主要印象部门。

(2)保畅部门:承担辖区内各类交通管制、道路安全清障、路产损失挽回等工作,是高速公路畅通运行的核心保障部门,对减少营收损失、提高主线通行效

---

① 在"运营转经营"背景下,一些高速公路公司在积极探索营销等新业务,但这些新业务目前均在探索之中,因此本版未将其列入运作维度。

率具有重要贡献,同时也是企业品牌形象的主要印象部门。

(3)养护部门:承担辖区内道口和道路及周边附属构造物、交通工程及沿线设施、绿化环保等养护工作,是道路和设施质量的重要维持部门,对道路安全畅通具有重要的支持作用。

(4)机电部门:承担本单位机电信息系统施工、运维和培训等工作,是道口和主线机电设备和软硬件系统的核心保障部门,同时也是企业推进数字化战略的重要部门①。

业务部门是高速公路运营管理的核心部门,它们需要完成的工作如下。

(1)高效、高质完成本部门的核心运作工作。

(2)与其他部门联动,提升部门工作效能。

(3)与其他维度联动,实现部门的多重运作目标。

对于第(1)点,HiFORM 为每个业务部门构建了基础模型,该模型定义了每个业务部门的绩效类别和 KPI;对于第(2)、(3)点,HiFORM 通过"＋"方式,将本业务部门与其他部门/维度进行联动。

图 3-2 以营运部门作为示例,反映了业务部门上述三项综合工作。

营运基础模型:聚焦营运部门的基础工作。

"营运＋"模型:体现了营运部门与其他业务/维度的联动,例如,"营运＋成本""营运＋收入""营运＋保畅"。

如果与其他维度联动(如"技术创新"),还可构造"营运＋技术创新"。

使用业务基础模型和"业务＋"模型有以下好处。

(1)提供了一个描述本部门工作的层级框架,有助于管理者详细掌握本部门的运作目标和重点工作。

(2)提供了一个格式化的部门绩效考核框架和规范的指标体系,有助于部门之间的横向对标和行业对标。

(3)提供了一个可视化的管理框架,有助于提升管理者的框架思维、多部门

---

① 在高速公路区域管理中心这一层级,其主要任务是使用信息技术而非开发。即便在公司总部层面,数字信息通常也外包给第三方公司。因此,本版没有将机电和信息分为两个业务部门。

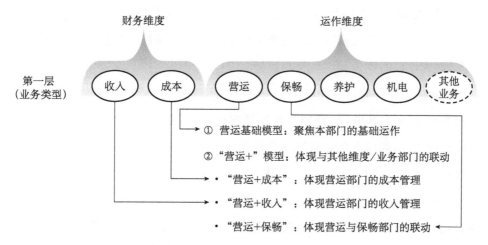

图 3-2 业务基础模型和"业务+"模型——以营运部门为例

协调和综合管理能力。

（4）提供了一个统一的运作思考范式，有助于降低部门沟通和协调成本，有助于培养综合型管理人才。

3.2 营运的运作模型

3.2.1 导读

营运工作的对象：进出收费站道口的各类通行车辆和各类卡票；后台涉及的各类稽核工单；收费站现场和客服中心收到咨询/投诉的客户；收费站各类收费设施、设备和系统①；本部门的收入和成本管控；本部门各项管理工作。

营运工作的目标：①确保完成与通行费收入相关的各项生产任务，例如收费站的车辆通行服务、车辆稽核与工单处理、堵漏追缴等，同时确保生产效率；②确保收费站处于正常的工作状态、提高稽核工作质量；③加强收费站道口、内外广场的主动安全管理，做好源头安全管理，为主线安全运行把好道口关；④增

---

① HiFORM 没有将服务区管理列入营运部门的管理范畴，是否列入需依据公司的具体情况。

强收费站现场的服务能力,提升企业的社会形象和品牌美誉度;⑤增强数据分析和管理素养,提高对营运绩效的数字赋能水平;⑥做好本部门管理和跨部门协同,达成设定的收入和成本管控目标。

营运的工作内容:①现场作业:收费作业,收费安全保卫管理,收费服务标准化管理,解缴款作业,收费操作特殊情况处理,打击偷逃通行费,鲜活农产品"绿色通道",国际标准集装箱运输车辆,车道保畅及应急事件处理,重大节假日免收小型客车通行费管理;②后台作业:票证管理,通行卡管理,公务卡管理,数据统计核对,收费稽查管理,稽核管理,营运调查分析等;③数据统计分析与管理:辅助决策系统,数据统计,分析与报表管理等;④本部门日常管理,以及与其他部门的协同管理。

本节内容由四部分组成。

营运基础模型:该模型从运作维度为营运部门制订运作目标、拣选绩效类别和配置 KPI 提供了一个可视化的层级框架。基础模型未考虑财务和其他部门协同运作的目标。

"营运+"模型:通过"+",将财务和其他业务部门加入营运部门,体现营运与财务和其他业务部门的联动。

"营运+"模型应用:该部分示例了如何将"营运+"模型快速格式化成营运的绩效考核表。

营运第三层 KPI:该部分列举并定义了"营运+"模型第三层 KPI。

3.2.2 营运基础模型

图 3-3 从运作维度抽象了营运基础模型的层级结构,同时也给出了该模型的构造步骤,具体如下。

步骤一:为营运部门设置运作目标(第一层)。

步骤二:为目标配置对应的绩效类别(第二层)。

步骤三:为各项绩效配置 KPI(第三层)。

步骤四:根据企业个性化需求,细化第三层 KPI(第四层)。

步骤五:为第二层至第四层配置管理使能(简称营运使能)。

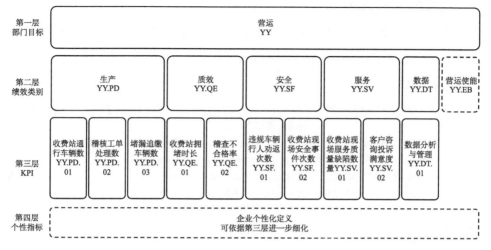

图 3-3　营运基础模型

1. 第一层说明

第一层定义了营运的运作目标,通常用营运部门的工作目标和责任代替。

(1) 为什么要定义营运的运作目标?

清晰、准确地描述营运的运作目标是管理者的责任和工作,是其思维能力、文字功底和管理素质的体现,同时也是营运部门的工作指南和考核方向。

(2) 如何设定营运的第一层运作目标?

在 HiFORM 框架下,第一层运作目标是第二层各项绩效的汇总和提炼,因此,管理者需要首先对第二层运作绩效目标进行设定。

为帮助管理者以更清晰的逻辑去设定第二层绩效目标,HiFORM 提供了五个通用绩效类别[①],它们本质上是描述运作绩效的关键词,管理者只需围绕这些关键词进行拓展就能得到本部门的绩效目标。

管理者可通过两个步骤定义营运的第一层运作目标。

步骤一:从第二层五个通用绩效中拣选所需的绩效类别。营运部门主要关

---

① 这五个绩效分别是生产、质效、安全、服务和数据。它们是基于运作管理原理高度抽象的,适用于高速公路所有业务条线,所有业务部门都可以在同一套绩效关键词下思考问题,这不仅提高了跨部门的沟通协调效率,同时也有利于高级管理者的培养。

管理者可将"质效"拆分为质量和效能,但并不建议这么做,因为高速公路业务部门产出的质量和效能并不能完全分割。

注的绩效有:生产、质效、安全、服务和数据。

步骤二:仔细思考选中绩效需要达到的目标,将其细化描述后,汇总为第一层营运部门的总目标。

请参考如下示例。

~~~~~~

<div align="center">示例:营运的运作目标*</div>

(1) 确保车辆通行费应收尽收,完成堵漏追缴和各类稽核工单(对应生产 YY.PD)。
(2) 确保收费站畅通率,降低各类工单处理差错率(对应质效 YY.QE)。
(3) 增强收费站主动安全管理,确保各项工作符合安全规范(对应安全 YY.SF)。
(4) 增强收费站窗口和现场的服务能力(对应服务 YY.SV)。
(5) 增强营运部门的数据分析与管理能力(对应数据 YY.DT)。

~~~~~~

* 营运使能未体现在第一层,因为它是体现企业个性化的,不具有普适性。

(3) 在定义营运基础模型的第一层时,管理者需要注意以下方面。

- 基础模型强调的是"基础",它仅聚焦营运部门的日常运作,先不建议"+"其他维度/部门。一开始就考虑与其他维度/部门联动,容易扩大部门的管理边界,分散管理者的思考力,同时也会带来潜在的部门职能矛盾冲突。从管理学角度来看,基础模型强调的是管理者必须首先做好本部门的主责工作。

- 建议将第一层设置为宏观描述性目标,不建议在第一层纳入定量化指标。首先,第一层是部门宏观层面的运作目标,客观上要求该层目标具有包容能力,将其定量化反而会引导管理者仅关注数字,忽视了其他一些重要的管理目标。其次,定量化指标来自第三、四层,与第一层之间隔了第二层,一开始就将这些定量化指标纳入第一层,实质上是一种跨层级思考方式,容易给管理者造成逻辑混乱。

- 第一层目标高度依赖于对第二层绩效目标的刻画。细心的读者可能已经发现,管理者应该首先对第二层绩效目标进行深入思考和详细刻画,当完成这个步骤之后,第一层部门总目标只是第二层各项绩效目标的提炼和汇总而已。

2. 第二层说明

第二层定义了营运运作的绩效类别,是对第一层目标的绩效分解。

(1) 如何定义营运运作的绩效类别?

营运部门关注的绩效类别为生产、质效、安全、服务和数据。管理者需要对各项绩效进行描述,以下是对应的示例[①]。

- 生产:英文 Productivity,层级标号:YY.PD

营运生产:正常车辆的通行收费、异常车辆的堵漏追缴、各类稽核工单处理等。营运生产主要关注营运部门的生产能力和效率。例如,收费站通行车辆数、堵漏追缴车辆数、稽核工单处理数。

- 质效:英文 Quality & Effectiveness,层级标号:YY.QE

营运质效:确保生产结果的质量和效能。营运质效主要关注收费站拥堵时长[②]、稽查不合格数。

- 安全:英文 Safty,层级标号:YY.SF

营运安全:对收费站道口和内外广场进行主动安全管理,对风险车辆进行安全前摄处理,降低主线安全事件发生率;加强突发事件的应急处置能力[③]。营运安全主要关注违规车辆、行人劝返,收费站现场安全管理。

- 服务:英文 Service,层级标号:YY.SV

营运服务:提高收费窗口和现场服务的质量,提高客户服务满意度。营运服务主要关注收费站窗口和内外广场的服务、客户咨询和投诉的处理。

- 数据:英文 Data,层级标号:YY.DT

营运数据:增强对各项营运工作内容的数据分析和管理能力。营运数据主要关注生产、质效、安全和服务的各项数据的记录、统计、分析和管理能力。

- 使能:英文 Enable,层级标号:YY.EB

营运使能是给上述每项绩效配套相应的管理制度、流程、办法等[④]。使能主

[①] 与第一层类似,第二层绩效来源于第三层。管理者首先需要对第三层 KPI 和其他重要的内容进行思考,然后将其提炼和汇总成第二层绩效目标。

[②] 有公司将收费站道口拥堵>5分钟即视为拥堵。但事实上,该指标很难客观取得,公司/部门可视情况增加该指标。

[③] 不建议将营运部门的应急处置能力作为一个安全绩效。营运部门应该在平时加强安全监测、应急事件预防演练等来加强应急处置能力。事实上,营运应急处置能力体现在"质效"之中。

[④] 管理使能涉及企业个性化管理,HiFORM 不对其细化定义。但需要提醒的是,管理使能非常重要,是体现企业精细化和精益化管理的重要内容。管理者的责任是不断优化管理使能,提高部门整体员工的执行力,提升与其他部门的协调沟通力,确保达成本业务条线的各项 KPI。

要有三类：①国家、行业标准和地区规范；②公司管理办法、考核制度与强制性要求；③部门业务操作流程与规范。但需要注意的是，管理使能体现企业/部门的管理特色，并不具有普适性，因此图3-3中将其进行虚框处理。

(2) 在定义第二层时，管理者需要注意以下方面。

- 建议将第二层运作绩效目标设置为描述性的，但可包含定量化的第三层KPI。首先，第二层绩效类别的描述是高度抽象的，目的是为第三层KPI提供一个属性分类准则。其次，第二层绩效位于中观层面，客观上要求包含一些可量化的指标，这些指标体现了部门的重点工作或任务①。最后，这些量化指标来源于第三层，因此当第二层要求包含量化指标时，其前提是必须明确该绩效项下的第三层指标结构，否则不建议在第二层包含量化指标。

- 不建议在第二层"+"新的绩效类别。首先，这五个通用绩效类别基本上已经覆盖了营运部门的运作绩效，并且它们的属性在统计意义上相互独立。其次，虽然可以将"创新"作为一个绩效类别放在第二层，但是在"科技创新"维度中定义该绩效更好。最后，第二层绩效类别不宜超过5个，否则会在权重计算过程中造成"多重跳跃"现象，容易引发权重计算不合理。

- 为第二层各项绩效配置权重。首先，各项绩效的权重反映了部门的工作重心。其次，建议各单位的营运部门均采用同一套权重，这不仅符合公平原则，同时也有利于各单位营运部门的横向对标。最后，在确定第二层权重时，应征求各单位营运部门负责人的意见，最好是上下级集体协商各项权重，尽量避免权重单向设计。

3. 第三、四层说明

第三层定义了营运运作的关键KPI，是对第二层各项绩效的定量化。

(1) 如何选择第三层KPI？

KPI选择要遵循以下四个原则。

---

① 例如，对前述示例中的目标(2)进行量化加强："确保收费站畅通率、降低各类工单处理差错率（差错率不得超过1‰)"。

- 原则一：必须遵从上层绩效的属性，不能将其他属性的 KPI 归在同一个绩效下。
- 原则二：同一绩效类别下的 KPI 属性应尽量满足统计独立，其总数尽量不要超过 5 个，即抓住少数关键 KPI，给业务部门留有管理余地[①]。
- 原则三：KPI 应符合行业通行术语规范，这有助于对标管理。
- 原则四：为每个 KPI 配置管理使能，确保达成 KPI。

(2) 营运基础模型列举了 10 个第三层 KPI（图 3-3）[②]，它们的定义请参考本节第四部分。

第四层为个性化指标，企业可依据自身实际进行设计，本书不再进行定义。

3.2.3 "营运+"模型

1. 为何要构造"营运+"模型

(1) 营运部门是高速公路营收的主要发生单位，其收入和成本管理需要财务部门支持，"营运+收入""营运+成本"体现了营运部门的收入和成本管控能力。

(2) 收费站管制通常由保畅部门下达给营运部门，它对通行费收入影响巨大，"营运+保畅"体现了营运管理效能和跨部门协调能力[③]。

2. 如何构造"营运+"模型

在图 3-3 的基础模型上"+收入+成本+保畅"，即可拓展成"营运+"模型（图 3-4），新模型反映了营运与财务、其他业务部门的协调融合。

"营运+"模型的构造步骤如下。

步骤一：在第一层"+收入+成本+保畅"，增加营运的新目标。在"示例：营运的运作目标"基础上添加新目标，请参考如下示例中的下画线粗体字。

---

① 同一层指标超过 5 个容易引发指标权重计算的"多重跳跃"现象。
② 第四层是对第三层指标的细化和个性化，HiFORM 不提供该层指标的定义，但在本节第四部分的第三层 KPI 指标表格的备注中罗列了一些可供管理者参考的四级指标。
③ 尽管营运也会和养护、机电部门联动，但这两个部门对营运的影响较小。

> **示例:"营运+"目标**
> (1) 确保车辆通行费应收尽收,完成堵漏追缴和各类稽核工单(对应生产 YY.PD),**确保达成通行费收入目标(对应 RV.01)和控制营运成本(对应 CO.01)**。
> (2) 确保收费站畅通率,降低各类工单处理差错率(对应 YY.QE),**优化收费站管制,提高收费站开通时长(对应 BC.QE)**。
> (3) 增强道口主动安全管理,确保收费站各项工作符合安全规范(对应安全 YY.SF)。
> (4) 增强收费站窗口和现场的服务能力(对应服务 YY.SV)。
> (5) 增强营运部门的数据分析与管理能力(对应数据 YY.DT)。

步骤二:在第二层实施"+",构造"+绩效"类别。例如,"+通行费收入 RV.01"表示营运部门需要考虑收入目标,"+保畅质效 BC.QE"表示营运和保畅部门在质效上的联动。

步骤三:在第三层为"+绩效"类别配置新的KPI。例如,每公里每车道营运成本 YY.CO.01.01 等。注意:有的"+绩效"下辖的 KPI 会直接来自其他部门/维度,比如每公里每车道通行费收入 RV.01.01 来自财务维度。

步骤四:将第三层新KPI细化至第四层。例如,人均每公里每车道通行费收入,收费站管制类型(如入口关闭、入口限流、路网分流时长等)。除个别指标外,第四层指标大多是企业个性化的指标。

步骤五:为第二层至第四层指标配置新的使能。为第二层新增的绩效单独配置新的使能,例如营运+收入使能 YYRV.EB、营运+成本使能 YYCO.EB、营运+保畅使能 YYBC.EB。

3.2.4 "营运+"模型应用

"营运+"模型为管理者提供了一个可视化的部门绩效考核表格生成工具。当"营运+"模型最终确定之后,就可以格式化生成一个绩效考核表,在该表基础上可以为每一层每一个指标设置考核分值,管理使能则定义了这些指标的考核要求(对应第三层管理使能)、评分标准和考核方法(对应第四层管理使能)。

表3-1 示例了从图3-4 的模型转换为一个"营运+"的综合绩效考核表。

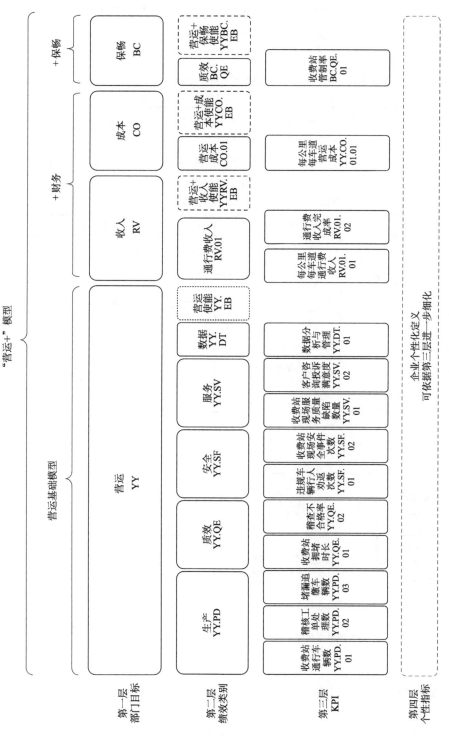

图3-4 "营运+"模型

表 3-1 格式化生成"营运+"的综合绩效考核表(示例)

第一层目标:综合第二层各项绩效

×××公司营运部门综合绩效考核办法(××××年度)

(1) 确保车辆通行费应收尽收,完成堵漏追缴和各类稽核工单(对应生产YY.PD),确保达成通行费收入目标(对应RV.01)和控制营运成本(对应CO.01)
(2) 确保收费站畅通率,降低各类工单处理差错率(对应YY.QE),优化收费站管制,提高收费站开通时长(对应BC.QE)
(3) 增强道口主动安全管理,确保收费站各项工作符合安全规范(对应安全YY.SF)
(4) 增强收费站窗口和现场的服务能力(对应服务YY.SV)
(5) 增强营运部门的数据分析与管理能力(对应数据YY.DT)

绩效类别	序号	考核指标	考核要求	评分标准	考核办法
生产YY.PD (分值)	1	收费站通行车辆数 (x_1分)	YY.EB.PD	YY.EB.PD.01	YY.EB.PD.01
	2	堵漏追缴车辆数 (x_3分值)	第三层KPI的管理使能	第四层个性指标的管理使能	
	3	稽核工单处理数 (x_2分值)			
通行费收入 RV.01 (分值)	4	每公里每车道通行费收入 (分值)	第三层KPI		
	5	通行费收入完成率 (分值)			
营运成本 CO.01	6	每公里每车道营运成本 (分值)			
营运+收入 使能 YYRV.EB (分值)	7	营运部门用于通行费收入管理的流程、管理规范(分值)			
…	…	…			

第二层绩效的使能也可成为绩效类别

3.2.5 "营运+"第三层KPI

表 3-2 汇总了 14 个第三层 KPI 指标,其中收费站通行车辆数、每公里每车

道通行费收入、每公里每车道营运成本、每公里每车道营运人工成本、每公里每车道营运成本是行业重要的对标指标。

表 3-2 "营运十"第三层 KPI 汇总表

序号	KPI 名 称	页码	营运十	绩效类别	行业对标
1	收费站通行车辆数 YY.PD.01	39		生产	√
2	稽核工单处理数 YY.PD.02	40		生产	
3	堵漏追缴车辆数 YY.PD.03	41		生产	
4	收费站拥堵时长 YY.QE.01	41		质效	
5	稽查不合格率 YY.QE.02	42		质效	
6	违规车辆行人劝返次数 YY.SF.01	43		安全	
7	收费站现场安全事件次数 YY.SF.02	43		安全	
8	收费站现场服务质量缺陷数量 YY.SV.01	44		服务	
9	客户咨询投诉满意度 YY.SV.02	44		服务	√
10	数据分析与管理 YY.DT.01	45		数据	
11	每公里每车道通行费收入 RV.01.01	46	收入	通行费收入	√
12	通行费收入完成率 RV.01.02	46	收入	通行费收入	
13	每公里每车道营运成本 YY.CO.01.01	47	成本	营运成本	√
14	收费站管制率 BC.QE.01	48	保畅	保畅质效	

注：上述 KPI 可依据企业需要细分至第四层，具体参考 40～47 页表格中的备注。

1. 收费站通行车辆数 YY.PD.01

该指标隶属于营运生产绩效。

该指标用来评价收费站通行车辆数。对应的管理目标是在确保主线通行安全的情况下，尽量服务更多车辆进出收费站。该指标及下层的"人均服务通行车辆数"是评价营运生产绩效最重要的 KPI，可用于企业内部和行业对标。

该指标描述如表 3-3 所示。

表 3-3　收费站通行车辆数 YY.PD.01

层级	标号	收费站通行车辆数 YY.PD.01
第三层	公式	收费站通行车辆数＝进出收费站道口的各类车辆总数 单位:辆 说明如下。 计算时间窗口:日、周、月、季度、年
第三层	备注	(1) 该指标越低,说明高速公路营收情况越差 (2) 该指标可细分至第四层 • 按车辆类型进行细分,例如客车、货车、工程车等 • 按 ETC、人工收费车道细分,例如 ETC 通行车辆数、人工服务通行车辆数 • 人均服务通行车辆数 $= \dfrac{\text{收费站通行车辆数}}{(\text{营运部门期初收费人员数} + \text{期末收费人员数})/2}$ 该指标用来衡量营运部门的生产效率,单位时间内服务车辆数越多,收费员生产效率越高,或者 ETC 收费等自动化水平越高

2. 稽核工单处理数 YY.PD.02

该指标隶属于营运生产绩效。

该指标用来评价收费站稽核工单处理总量[①]。对应的管理目标是处理各类稽核工单,并做到高效、准确、及时(准确、及时体现在营运质效中)。该指标反映的是营运后台的单据处理能力,通常适用于大流量路段。

该指标描述如表 3-4 所示。

表 3-4　稽核工单处理数 YY.PD.02

层级	标号	稽核工单处理数 YY.PD.02
第三层	公式	稽核工单处理数＝各类稽核工单的总数 单位:件 说明如下。 • 稽核工单的类型:参见备注 • 计算时间窗口:月、季度、年

---

① 稽核业务主要针对人为原因造成的少交、未交、拒交通行费行为,包括收费人员不规范操作、收费运营管理单位管理漏洞、发行服务机构违规发行、车辆驾驶人员恶意逃费、客户使用虚假行驶证等。

续表

层级	标号	稽核工单处理数 YY.PD.02
第三层	备注	(1) 该指标越多,说明需要稽核的问题越多,可能反映出业务流程存在一些漏洞或风险,需要及时发现和改进 (2) 该指标可细分至第四层 • 按稽核类型进行细分,例如: ➢ 内部稽核:上级单位向下级单位发起内部稽核管理稽核工单,主要针对典型事件、收费行为、发行及管理等方面的稽核 ➢ 外部稽核:以有证据支撑的逃费车辆发起的追缴通行费稽核 • 人均稽核工单处理数 $= \dfrac{\text{稽核工单处理数}}{(\text{营运部门期初稽核人员数} + \text{营运部门期末稽核人员数})/2}$ 该指标用来衡量营运部门的稽核工单处理效率

3. 堵漏追缴车辆数 YY.PD.03

该指标隶属于营运生产绩效。

该指标用来评价收费站堵漏追缴的能力。对应的管理目标是打击偷逃车辆,挽回通行费收入。

该指标描述如表 3-5 所示。

表 3-5 堵漏追缴车辆数 YY.PD.03

层级	标号	堵漏追缴车辆数 YY.PD.03
第三层	公式	堵漏追缴车辆总数 = 现场查处的各类偷逃车辆数 + 稽核追缴车辆数 + 专案追缴车辆数 单位:辆 说明如下。 计算时间窗口:月、季度、年
	备注	(1) 该指标越高,反映营收部门挽回非法少交通行费的工作质量越高,通行费上的损失越小 (2) 堵漏次数和追缴金额客观上不取决于收费站,是一种被动型的作业;建议对该指标使用负向考核方式,防止收费站的渎职行为,例如放行一辆偷逃车辆扣×分 (3) 该指标可细分至第四层 • 按偷逃车辆类型分类 • 第四层还可"+收入"分析各类堵漏增收 ➢ 按偷逃车辆类型分类 ➢ 按现场追缴、稽核追缴、专案追缴等分类

4. 收费站拥堵时长 YY.QE.01

该指标隶属于营运的质效绩效。

该指标用来评价收费站的拥堵时长,体现营运部门的收费站拥堵管控能力。对应的管理目标是尽量减少车辆通过道口的通行等待时间。

该指标描述如表3-6所示。

表3-6 收费站拥堵时长 YY.QE.01

层级	标号	收费站拥堵时长 YY.QE.01
第三层	公式	收费站拥堵时长＝某时间某车道内累计的道口车辆拥堵时长 单位:小时 说明如下。 • 不同公司对收费站拥堵有不同的定义,例如:①车辆等待时间超过5分钟视为拥堵;②道口排队车辆超过5辆的时长视为拥堵 • 计算时间窗口:月、季度、年
	备注	(1) 指标越低,说明收费站的通行能力越好,通行车辆的等待时间越少,收费站窗口的服务质效越高;现实中该指标很难客观量化,建议作为个性指标 (2) 指标可细分至第四层 $$收费站畅通率 = \left(1 - \frac{收费站拥堵时长}{收费站开通时长}\right) \times 100\%$$ 该指标很难客观量化,建议作为个性指标

5. 稽查不合格率 YY.QE.02

该指标隶属于营运的质效绩效。

该指标用来评价营运部门稽查工作的质量。对应的管理目标是将各类稽核合格率控制在一定水平之上。

该指标描述如表3-7所示。

6. 违规车辆行人劝返次数 YY.SF.01

该指标隶属于营运的安全绩效。

表3-7 稽查不合格率 YY.QE.02

层级	标号	稽查不合格率 YY.QE.02
第三层	公式	$$稽查不合格率 = \frac{各类稽查不合格总数}{各类稽查总数} \times 100\%$$ 单位:% 说明如下。 计算时间窗口:月、季度、年

续表

层级	标 号	稽查不合格率 YY.QE.02
第三层	备 注	（1）指标越高，说明收费站人员工作规范程度越低，需要加强人员工作规范管理 （2）指标可细分至第四层 可稽查类型来分类，例如： • 现场稽查不合格率 • 录像稽查不合格率 • 系统稽查不合格率 • 夜间稽查不合格率

该指标用来评价收费站道口的安全管控和风险预处置能力。对收费站道口和内外广场进行主动安全管理，对风险车辆（如超限车辆）进行安全前摄处理，能够大幅降低主线安全事件发生率。

不建议将该指标列入绩效考核，只需在安全使能 YY.SF 中明确安全管理条例和负面考核清单即可。

安全使能条例如下（但不限于）。

• 《收费站道口、广场安全管理条例与处置流程》。

• 《收费站道口、广场安全风险等级评定办法》。

7. 收费站现场安全事件次数 YY.SF.02

该指标隶属于营运的安全绩效。

该指标用于评估收费站的安全管理水平。对收费站现场安全事件进行及时处置和预防的目的是避免造成更大的损失和影响，对保障收费站的正常运营和服务具有重大的作用。

该指标为负向指标，具体描述如表 3-8 所示。

表 3-8 收费站现场安全事件次数 YY.SF.02

层级	标 号	收费站现场安全事件次数 YY.SF.02
第三层	公 式	收费站现场各类安全事件次数总和 单位：次 说明如下。 • 收费站现场安全事件：收费站发生的人员伤亡或财产损失等意外事件，例如车辆碰撞、火灾、爆炸、恶性冲突等 • 计算时间窗口：年

续表

层级	标号	收费站现场安全事件次数 YY.SF.02
第三层	备注	(1) 该指标为负向指标,值越小说明现场安全管理水平越好;但需要注意,安全事件次数并不能说明安全事件的责任归属和严重程度,建议配套《保畅现场安全事件分级和责任认定办法》 (2) 安全事件存在随机性,该指标无法用来对标,建议设定有责重大安全事件的一票否决制 (3) 该指标可细分至第四层 • 有责现场事件次数 • 重大安全事件次数

8. 收费站现场服务质量缺陷数量 YY.SV.01

该指标隶属于营运的服务绩效。

该指标为负向指标,用来评价收费窗口服务和收费站内外广场服务中出现的质量缺陷。收费人员和管理人员的服务专业性、态度和能力,收费设施设备整洁齐全规范等都会影响高速公路的客户满意度和品牌美誉度。

服务质量标准存在较多主观性,建议使用服务使能 YY.SV.EB 对服务质量缺陷进行考核;建议构建收费站服务质量标准,重点对负面清单建立服务质量缺陷、界定责任归属认定办法。

服务使能条例如下(但不限于)。

• 《高速公路收费站服务规范》(国标和省标)。

• 《公司/管理中心收费站服务质量缺陷认定标准》。

9. 客户咨询投诉满意度 YY.SV.02

该指标隶属于营运的服务绩效。

该指标用来评价营运部门接待客户咨询、处理客户投诉的能力[①],可以用于行业对标。

该指标描述如表3-9所示。

---

① 增设客服中心虽然能够提高企业客户服务水平,但这意味着企业运营成本的增加。从客户关系管理理论来看,针对客户咨询和投诉的最佳方案是提前做好客户咨询内容告知,让客户自行了解咨询内容,减少向企业的咨询;从服务流程减少服务质量缺陷,没有客户投诉是客户服务的最高目标。

表 3-9 客户咨询投诉满意度 YY.SV.02

层级	标号	客户咨询投诉满意度 YY.SV.02
第三层	公式	客户咨询投诉满意度 = $\dfrac{客户咨询评分总和 + 客户投诉评分总和}{客户咨询总次数 + 客户投诉总次数}$ 单位:无 说明如下。 • 客户咨询:与保畅相关的客户咨询 • 客户投诉:与保畅相关的客户投诉 • 评分总和:让客户对服务进行评分,例如,1~10分,其中10分为最满意,1分为最不满意,评分总和即客户评分的总和 • 计算时间窗口:月、季度、年
	备注	该指标可细分至第四层 • 客户咨询满意度 ➢ 客户咨询类型:用于改进客户告知内容,增强客户主动自行查阅咨询内容的行为 ➢ 发生场所(现场、电话、网络、App等):用于改进客户告知方式,便利客户主动自行查询 ➢ 客户咨询满意度:评估咨询服务质量 • 客户投诉满意度 ➢ 客户投诉类型:用于改进客户服务短板和盲区 ➢ 客户投诉处理满意度:评估客诉服务质量

10. 数据分析与管理 YY.DT.01

该指标隶属于营运的数据绩效。

该指标用来评价营运部门的数据录入、统计分析、管理诊断等能力。营运部门数据分析与管理的工作重心在于如何使用数据辅助业务开展、管理改善,相关工作包括但不限于:

(1) 数据录入及时、准确且完整。

(2) 使用数据统计模型对营运工作进行分析、问题诊断。

(3) 营运业务数据分析与报表管理。

(4) 数据安全管理。

该指标是企业的个性化指标,其评价具有较大的主观性,建议使用数据使能 YY.DT.EB 对营运部门的数据分析和管理绩效进行评价。相关使能条例包括但不限于:

• 《公司/管理中心营运部门的数据系统使用手册》。

- 《公司/管理中心营运部门的数据统计与分析报表管理条例》。

11. 每公里每车道通行费收入 RV.01.01

该指标隶属财务维度的收入 RV—通行费收入 RV.01—每公里每车道通行费收入 RV.01.01。该指标描述参见表2-2。

该指标用来评价高速公路路段的营收能力。对应的管理目标是在保证安全通行的情况下,尽量最大化通行费收入。该指标是行业对标的重要 KPI。

该指标越高,说明该路段的营收能力越好,反之越差。

该指标可细分至第四层。

- 人均每公里每车道通行费收入:用于评估营运部门的人均生产总值。

$$人均每公里每车道通行费收入 = \frac{每公里每车道通行费收入}{\left(\begin{array}{c}营运部门\\期初人员数\end{array} + \begin{array}{c}营运部门\\期末人员数\end{array}\right)/2}$$

- 可按车辆类型分类:用于评估道路通行车辆结构。

12. 通行费收入完成率 RV.01.02

该指标隶属财务维度的收入 RV—通行费收入 RV.01—通行费收入完成率 RV.01.02。该指标描述参见表2-3。

该指标用来评价营运部门通行费收入目标的达成情况[①]。对应的管理目标是应尽量达成上级下达的通行费收入。该指标值通常需要≥100%,如果未达标,则需考虑是否出现了不可抗力因素,是否目标设定不合理,是否营收管理能力较弱。

该指标可细分至第四层。

- 按区域管理中心、路段细分。
- 按通行费收入来源细分,例如:
  ➢ 通行费收入:以主线门架统计的通行费收入。
  ➢ 堵漏追缴:收费站现场堵漏追缴的通行费收入。
  ➢ 稽核追缴:稽核工单处理的通行费收入。

---

① 通行费收入是指本期已实现的通行费收入,为主线门架统计的通行费收入、堵漏追缴和稽核追缴等所有通行费收入总和。

13. 每公里每车道营运成本 YY.CO.01.01

该指标隶属于"营运+成本"第三层。

该指标用来评价营运部门的营运成本控制能力[①]。对应的管理目标是不断优化营运部门的成本。该指标是行业对标的重要 KPI。

该指标描述如表 3-10 所示。

表 3-10 每公里每车道营运成本 YY.CO.01.01

层级	标 号	每公里每车道营运成本 YY.CO.01.01
第三层	公 式	每公里每车道营运成本 = $\dfrac{\text{营运成本}}{\text{里程} \times \text{车道数}}$ 单位:万元/(公里×车道) 说明如下。 • 营运成本:利润表中的主营业务成本归属于营运部门的所有成本(包含人工成本、折旧摊销成本等) • 里程:以主线起点桩号和终点桩号之间的距离为准 • 车道数:门架横向覆盖的车道数量 • 计算时间窗口:年
	备 注	(1) 该指标过高,说明营运部门的成本控制能力可能存在不足;该指标过低,说明对车辆的服务质量可能存在漏洞 (2) 该指标可按成本构成细分至第四层 • 每公里每车道营运人工成本 = $\dfrac{\text{营运人工总成本}}{\text{路段里程} \times \text{车道数}}$ • 每公里每车道营运折旧摊销成本 = $\dfrac{\text{营运折旧摊销总额}}{\text{里程} \times \text{车道数}}$ • 每公里每车道营运行政管理成本 = $\dfrac{\text{营运行政管理成本}}{\text{里程} \times \text{车道数}}$ 上述指标均可计算人均值,也可计算变化率,还可针对某路段进行单独核算 (3) 建议营运部门按照人工成本、机械设备、物料、能源动力、服务外包、科研创新、行政管理等适合营运运作特点的科目进行成本核算;部门成本独立核算,更有利于公司清晰地了解每个部门发生的成本和取得的效能

14. 收费站管制率 BC.QE.01

该指标隶属于保畅质效——BC.QE.01。

[①] 成本项目可按照人工、机器设备等固定资产折旧摊销、物料、能源动力、服务外包、创新科研、行政管理、其他项目等费用类别进行分类。

收费站管制指令由保畅部门下达至营运部门,该指标的详细描述和计算参见表3-15。

收费站管制类型主要有四类:入口关闭、入口限流、出口关闭和出口分流。其中入口关闭和限流对通行费收入影响巨大。尽管收费站管制指令归口于保畅部门,但营运部门仍然需要与保畅部门协同,尽量缩短收费站管制时长,减少对通行费收入的影响,具体可在营运＋保畅使能中体现。

由收费站管制类型可计算收费站开通率:

$$收费站开通率 = \left[1 - \frac{\sum_i 收费站 i 入口和出口关闭时长}{收费站个数 \times 计算时间窗口}\right] \times 100\%$$

HiSORC构建了收费站管制引发的营收损失评估模型,营运部门可依据该模型计算结果与保畅部门进行协同,尽量减少收费站管制引发的营收损失。

3.3 保畅的运作模型

3.3.1 导读

保畅工作的对象:进出收费站道口和道路主线上的各类通行车辆、司乘人员;交通主管部门;涉路作业各类单位/部门;现场和客服中心收到的客户咨询/投诉;保畅部门的各类驻点、设施设备和系统;本部门成本管控及各项管理。

保畅工作的目标:①高效率完成道口和道路主线的各类险情清障作业,协助交通主管部门落实各类交通管制;②在确保道路安全通行的前提下提升清障施救效能,减少主线拥堵缓行时长,提升主线平均车速,主动协助交通管理部门制订交管策略、降低各类交通管制时长;③强化道路安全巡查、加强交通风险前置处理,确保保畅现场安全管理、提升应急事件的处置能力;④增强客户的保畅服务能力,做好各类咨询和投诉处理,增强路产损失挽回能力;⑤不断增强数据赋能保畅运作,提高数据分析和管理素养;⑥做好本部门管理和跨部门协同,实现本部门成本管控目标。

保畅的工作内容：①清障施救管理：辖区内各项交通事件的清障施救作业和管理；②道路运行与安全管理：涉路作业管理、安全管理、交安管理、道路隐患管理、施工审批等；③交通管制管理：对接辖区交通主管部门优化、落实道口和主线交通管制；④资产设备管理：保畅设施、车辆、物资、路产等管理；⑤服务管理：客户咨询、投诉、理赔、救援收费等管理；⑥数据统计分析与管理：保畅辅助决策系统、保畅运作数据统计、分析与报表管理等；⑦本部门的日常管理，以及与其他部门的协同管理。

本节内容由四部分组成。

保畅基础模型：该模型从运作维度，为保畅部门制订运作目标、拣选绩效类别和配置 KPI 提供了一个可视化的层级框架。基础模型未考虑财务和其他部门协同运作的目标。

"保畅＋"模型：通过"＋"，将财务维度和其他业务部门加入保畅部门，体现保畅与其他业务部门的联动。

"保畅＋"模型应用：该部分示例了如何将"保畅＋"模型快速格式化成保畅的绩效考核表。

保畅第三层 KPI：该部分列举并定义了"保畅＋"模型第三层 KPI。

3.3.2 保畅基础模型

图 3-5 从运作维度抽象了保畅基础模型的层级结构，同时也给出了该模型的构造步骤。

步骤一：为保畅设置部门运作目标（第一层）。

步骤二：为目标配置所需的绩效类别（第二层）。

步骤三：为各项绩效配置 KPI（第三层）。

步骤四：根据企业个性化需求，细化 KPI（第四层）。

步骤五：为第二层至第四层各项指标配置管理使能（简称保畅使能）。

1. 第一层说明

第一层定义了保畅的运作目标，通常用保畅部门的工作和责任来代替。

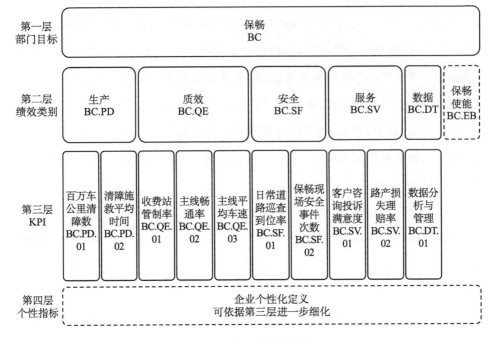

图 3-5 保畅基础模型

（1）为什么要定义保畅的运作目标？

清晰、准确地描述保畅的运作目标是管理者的责任和工作，是其思维能力、文字功底和管理素质的体现，同时也是保畅部门的工作指南和考核方向。

（2）如何设定保畅的第一层运作目标？

在 HiFORM 框架下，第一层运作目标是第二层各项绩效的汇总和提炼，因此，管理者需要首先对第二层运作绩效目标进行设定。

为帮助管理者以更清晰的逻辑去设定第二层绩效目标，HiFORM 提供了五个通用绩效类别[①]，它们本质上是描述运作绩效的关键词，管理者只需围绕这些关键词进行拓展就能得到对应的绩效目标。

管理者可通过两个步骤来定义保畅的第一层运作目标。

---

① 这五个绩效分别是生产、质效、安全、服务和数据。它们是基于运作管理原理高度抽象的，适用于高速公路所有业务条线，所有业务部门都可以在同一套绩效关键词下思考问题，这不仅提高了跨部门的沟通协调效率，同时也有利于高级管理者的培养。管理者可将"质效"拆分为质量和效能，但并不建议这么做，因为高速公路业务部门产出的质量和效能并不能完全分割。

步骤一：从第二层五个通用绩效中拣选所需的绩效类别。保畅部门主要关注的绩效有：生产、质效、安全、服务和数据。

步骤二：仔细思考选中绩效需要达到的目标，将其细化描述后，汇总为第一层保畅的总目标。

请参考如下示例。

~~~~~~

<div align="center">示例：保畅的运作目标</div>

（1）高效完成主线道路各类险情和交通事件的清障施救，确保主线运行畅通（对应生产 BC.PD）。

（2）提高保畅效能，降低保畅事件、涉路施工和交通管制对主线道路通行时长的影响，在正常安全的情况下提升主线车速（对应质效 BC.QE）。

（3）强化道路巡查、加强交通风险前置处理，确保保畅现场安全管理、提升应急事件的处置能力（对应安全 BC.SF）。

（4）提升客户服务能力，增强路产损失挽回能力（对应服务 BC.SV）。

（5）增强数据赋能，提高数据管理素养（对应数据 BC.DT）。

~~~~~~

注：保畅使能未体现在第一层，因为它是体现企业个性化的，不具有普适性。

（3）在定义保畅基础模型的第一层时，管理者需要注意以下几方面。

- 基础模型强调的是"基础"，它仅聚焦保畅部门的日常运作，先不建议"＋"其他维度/部门。一开始就考虑与其他维度/部门联动，容易扩大部门的管理边界、分散管理者的思考力，同时也会带来潜在的部门职能矛盾冲突。从管理学角度来看，基础模型强调的是管理者必须首先做好本部门的主责工作。

- 建议将第一层设置为宏观描述性目标，不建议在第一层纳入定量化指标。首先，第一层是部门宏观层面的运作目标，客观上要求该层目标具有包容能力，将其定量化反而会引导管理者仅关注数字，忽视了其他一些重要的管理目标。其次，定量化指标来自第三、四层，与第一层之间隔了第二层，一开始就将这些定量化指标纳入第一层，实质上是一种跨层级思考方式，容易给管理者造成逻辑混乱。

- 第一层目标高度依赖于对第二层绩效目标的刻画。细心的读者可能已经发现，管理者应该首先对第二层绩效目标进行深入思考和详细刻画，当完成这个步骤之后，第一层部门总目标只是第二层各项绩效目标的提炼和汇总而已。

2. 第二层说明

第二层定义了保畅运作的绩效类别,是对第一层目标的绩效分解。

(1) 如何定义保畅的运作绩效类别?

保畅部门关注的绩效类别为生产、质效、安全、服务和数据。管理者需要对各项绩效进行描述,以下是对应的示例①。

- 生产:英文 Productivity,层级标号:BC. PD

保畅生产:高效率对主线道路各类险情和交通事件进行清障施救,确保主线运行畅通。保畅生产主要关注主线交通事件发生的类型、时空和总数,由此决策保畅生产要素的空间布局、启动时间及所需的人机物(即技能人员、设备和物料),不断提升清障效率(即缩短清障平均时间)。

- 质效:英文 Quality & Effectiveness,层级标号:BC. QE

保畅质效:确保生产过程、结果的质量和效能。保畅质效主要关注交通管制时长、主线拥堵缓行时长、主线平均车速。

- 安全:英文 Safty,层级标号:BC. SF

保畅安全:对主线加强安全巡查、增强主动保畅的及时性,加强保畅现场安全作业管理、防范二次事件发生;加强突发事件的应急处置能力②。保畅安全主要关注日常道路巡查、保畅现场安全事件。

- 服务:英文 Service,层级标号:BC. SV

保畅服务:主动加强对外部客户的服务能力,提升道路增收的服务能力和客户满意度。保畅服务主要关注客户咨询与投诉、路产理赔等③。

- 数据:英文 Data,层级标号:BC. DT

保畅数据:增强各项保畅数据分析和管理,提高数据技术和模型赋能保畅

---

① 与第一层类似,第二层绩效来源于第三层。管理者首先需要对第三层 KPI 和其他重要内容进行思考,然后将其提炼和汇总成第二层绩效目标。

② 应急处置能力作为一个保畅的安全绩效,保畅部门应该在平时加强安全监测、应急事件预防演练等来加强应急处置能力。事实上,保畅应急处置能力体现在"质效"之中。

③ 有些企业的保畅部门也包含了各类涉路施工作业审批服务、服务交管部门制订管制方案和措施。

的水平。保畅数据主要关注保畅数据的分析与管理,包括数据记录、数据建模辅助保畅决策、数据分析和报表生成等。

使能:英文 Enable,层级标号:BC. EB

保畅使能是给上述每项绩效配套相应的管理制度、流程、办法等。使能主要有三类:①国家、行业标准和地区规范;②公司管理办法、考核制度与强制性要求;③部门业务操作流程与规范。但需要注意的是,保畅使能体现企业/部门的管理特色,并不具有普适性,因此图 3-5 中将其进行虚框处理①。

(2) 在定义第二层时,管理者需要注意以下方面。

- 建议将第二层运作绩效目标设置为描述性的,但可包含定量化的第三层 KPI。首先,第二层绩效类别的描述是高度抽象的,目的是为第三层 KPI 提供一个属性分类准则。其次,第二层绩效位于中观层面,客观上要求包含一些可量化的指标,这些指标体现了部门的重点工作或任务②。最后,这些量化指标来源于第三层,因此当第二层要求包含量化指标时,其前提是必须明确该绩效项下的第三层指标结构,否则不建议在第二层包含量化指标。

- 不建议在第二层"+"新的绩效类别。首先,这五个通用绩效类别基本上已经覆盖了保畅部门的运作绩效,并且它们的属性在统计意义上相互独立。其次,可以将"创新"作为一个绩效类别放在第二层,但在"科技创新"维度中定义该绩效更好。最后,第二层绩效类别超过 5 个,否则会在权重计算过程中造成"多重跳跃"现象,容易引发权重计算不合理。

- 为第二层各项绩效配置权重。首先,各项绩效的权重反映了部门的工作重心。其次,建议各单位的保畅部门均采用同一套权重,这不仅符合公平原则,同时也有利于各单位保畅部门的横向对标。最后,在确定第二层权重时,应征求各单位保畅部门负责人的意见,最好是上下级集体协商各项

---

① 管理使能涉及企业个性化管理,HiFORM 不对其细化。但需要提醒的是,管理使能非常重要,是体现企业精细化和精益化管理的重要内容。管理者的责任是不断优化管理使能,提高部门整体员工的执行力,提升与其他部门的协调沟通力,确保达成本业务部门的各项绩效。

② 例如,对前述示例中的目标(2)进行量化加强:"提高保畅效能,降低保畅事件和交通管制对主线道路通行时长的影响,在正常安全的情况下提升主线车速(全年主线平均车速不得低于 95km/h)。"

权重,尽量避免权重单向设计。

3. 第三层说明

第三层定义了保畅运作的关键KPI,是对第二层绩效的定量化。

(1) 如何选择第三层KPI?

KPI选择要遵循四个原则。

- 原则一:必须遵从上层绩效的属性,不能将其他属性的KPI归在同一个绩效下。
- 原则二:同一绩效类别下的KPI属性应尽量满足统计独立,其总数尽量不要超过5个,即抓住少数关键KPI,给业务部门留有管理余地[①]。
- 原则三:KPI应符合行业通行术语规范,这有助于对标管理。
- 原则四:为每个KPI配置管理使能,确保达成KPI。

(2) 保畅基础模型列举了10个第三层KPI(图3-5)[②],它们的定义请参考本节第四部分。

3.3.3 "保畅+"模型

1. 为何要构造"保畅+"模型

保畅是道路端口和主线畅通运行的主管部门,几乎与所有部门都存在连接。①"保畅+成本"体现了保畅部门的成本控制任务;②"保畅+营运+养护+机电"体现的是保畅的管理效能和跨部门协调能力。

2. 如何构造"保畅+"模型

在图3-5的基础模型上,"+成本+……"即可拓展成"保畅+"模型(图3-6)。新模型反映了保畅与财务、其他业务部门的协调融合。

"保畅+"模型的构造步骤如下。

步骤一:在第一层"+成本",引入保畅的新目标。在"示例:保畅的运作目标"基础上添加新目标,请参考如下示例中的下画线粗体字。

---

① 同一层指标超过5个容易引发指标权重计算的"多重跳跃"现象。

② 第四层是对第三层指标的细化和个性化,HiFORM不提供该层指标的定义,但在本节第四部分KPI指标表格中罗列了一些四级指标供管理者参考。

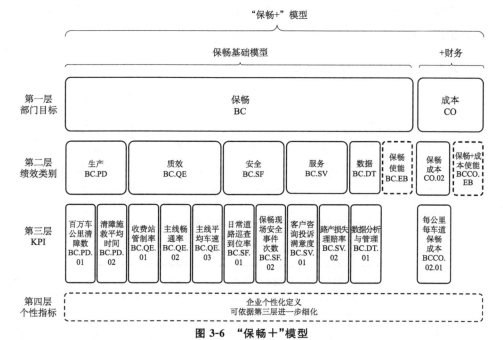

图 3-6 "保畅+"模型

注：收费站管控指令通常是交管部门下达给保畅部门后转达给收费站，如何优化收费站管制率的主责在保畅部门，因此该模型中不体现"'保畅+营运'质效"。养护和机电工程引发的主线拥堵缓行等在"养护+"和"机电+"模型中定义，因此该模型中不体现"'保畅+养护'质效"和"'保畅+机电'质效"。此外，有的公司保畅部门还存在一些代管代运营收入，也可在模型中"+收入"。

~~~~~~

<div align="center">示例："保畅+"目标</div>

（1）高效完成主线道路各类险情和交通事件的清障施救（对应生产 BC.PD），**同时做好保畅成本控制（对应 CO.02）**。

（2）提高保畅效能，降低保畅事件、涉路施工和交通管制对收费站和主线道路通行的负面影响，在正常安全的情况下提升主线车速（对应质效 BC.QE）。

（3）强化道路巡查、加强交通风险前置处理，确保保畅现场安全管理、提升应急事件的处置能力（对应安全 BC.SF）。

（4）提升客户服务能力，增强路产损失挽回能力（对应服务 BC.SV）。

（5）增强数据赋能保障效能，提高数据管理素养（对应数据 BC.DT）。

~~~~~~

步骤二：在第二层实施"+"，构造"+绩效"类别。例如，"+保畅成本"CO.02，表示保畅部门需要考虑成本控制。

步骤三：在第三层，为"+绩效"类别配置新的 KPI。例如，每公里每车道保畅成本 BCCO.02.01。

步骤四：将第三层新 KPI 细化至第四层。例如，人均百万车公里清障数、平均到场时间、平均清障施救时间、入口关闭、入口限流、路网分流时长等。除个别指标外，第四层指标大多是企业个性化的指标。

步骤五：为第二层至第四层指标配置新的使能。为第二层新增的绩效单独配置新的管理使能，例如"保畅＋成本"使能 BCCO.EB。

3.3.4 "保畅＋"模型应用

"保畅＋"模型为管理者提供了一个可视化的部门绩效考核表格生成工具。当"保畅＋"模型最终确定之后，就可以格式化生成一个绩效考核表，在该表基础上可以为每一层每一个指标设置考核分值，管理使能则定义了这些指标的考核要求（对应第三层管理使能）、评分标准和考核方法（对应第四层管理使能）。表 3-11 示例了从图 3-6 的"保畅＋"模型转换为部门综合绩效考核表。

表 3-11 格式化生成"保畅＋"的综合绩效考核表（示例）

第一层目标：综合第二层各项绩效

×××公司保畅部门综合绩效考核办法（××××年度）

(1) 高效完成主线道路各类险情和交通事故的清障施救（对应生产BC.PD），<u>同时做好保畅成本控制（对应CO.02）</u>
(2) 提高保畅效能，降低保畅事件、涉路施工和交通管制对收费站和主线道路通行的负面影响，在正常安全的情况下提升主线车速（对应质效BC.QE）
(3) 强化道路巡查、加强交通风险前置处理，确保保畅现场安全管理、提升应急事件的处置能力（对应安全BC.SF）
(4) 提升客户服务能力，增强路产损失挽回能力（对应服务BC.SV）
(5) 增强数据赋能保障效能，提高数据管理素养（对应数据BC.DT）

绩效类别	序号	考核指标	考核要求	评分标准	考核办法
生产 BC.PD（分值）	1	主线交通事件处理总数（x_1分）	BC.EB.PD	BC.EB.PD.01	BC.EB.PD.01
生产 BC.PD（分值）	2	清障施救平均时间（x_2分值）	第三层KPI的管理使能	第四层个性化指标的管理使能	
保畅 成本 CO.02（分值）（第二层绩效）	3	每公里每车道保畅成本（分值）	第三层KPI		
保畅 使能 BC.EB（分值）	4	保畅部门作业流程、管理规范（分值）			
…	…	…			

第二层绩效使能也可成为绩效类别

3.3.5 "保畅十"第三层 KPI

表 3-12 汇总了 11 个第三层 KPI 指标,其中百万车公里清障数、清障施救平均时间、主线畅通率、主线平均车速、每公里每车道保畅成本、每公里每车道保畅人工成本、每公里每车道保畅折旧摊销成本是行业重要的对标指标,其他为企业个性化指标。

表 3-12 "保畅十"第三层 KPI 汇总表

序号	KPI 名称	页码	保畅+	绩效类别	行业对标
1	百万车公里清障数 BC.PD.01	57		生产	√
2	清障施救平均时间 BC.PD.02	58		生产	√
3	收费站管制率 BC.QE.01	59		质效	
4	主线畅通率 BC.QE.02	60		质效	√
5	主线平均车速 BC.QE.03	61		质效	√
6	日常道路巡查到位率 BC.SF.01	62		安全	
7	保畅现场安全事件次数 BC.SF.02	63		安全	
8	客户咨询投诉满意度 BC.SV.01	63		服务	√
9	路产损失理赔率 BC.SV.02	64		服务	
10	数据分析与管理 BC.DT.01	65		数据	
11	每公里每车道保畅成本 BCCO.02.01	65	成本	保畅成本	√

注:上述 KPI 可依据企业需要细分至第四层,具体参考 57~65 页表格中的备注。

1. 百万车公里清障数 BC.PD.01

该指标隶属于保畅生产绩效。

该指标用来评估保畅部门处理主线交通事件的总生产能力。对应的管理目标:①主动对风险前置预防,尽量减少主线交通事件总数;②提升人均主线交通事件处理数量。该指标是行业对标的重要 KPI。

该指标描述如表 3-13 所示。

表 3-13 百万车公里清障数 BC.PD.01

层级	标 号	百万车公里清障数 BC.PD.01
第三层	公 式	百万车公里清障数 = $\dfrac{\text{清障施救车辆总数}}{\text{日均车流量} \times \text{里程} \times \text{天数}} \times 10^6$ 单位:辆/(百万车公里) 说明如下。 • 清障施救车辆数:需要被清障施救的各类型车辆总数 • 日均车流量:折算为 PCU 当量的日均车流量(附表 4) • 里程:所辖路段公里数(按双向计算) • 计算时间窗口:月、季度、年
第三层	备 注	(1) 尽管该指标被高速公路行业广泛使用,但其管理学意义是比较模糊的;通常该指标值越低,说明保畅部门预防交通事件的工作成效越好,但也可能是因为日均车流量增大造成该指标值降低,这意味着对于大流量路段,该指标值反而可能更小;虽然该指标目前被行业和交通主管部门采纳,但从运作层面来看,更建议使用日均每公里清障数来代替 (2) 该指标可细分至第四层 • 按车辆类型进行细分,例如客车、货车等 • 按交通事件类型细分,例如车辆故障、交通事件等 • 人均百万车公里清障数 = $\dfrac{\text{百万车公里清障数}}{(\text{期初保畅人员数}+\text{期末保畅人员数})/2}$ 该指标值越高,说明清障施救人员的生产效率越高 • 设备平均百万车公里清障数 = $\dfrac{\text{百万车公里清障数}}{(\text{期初保畅设备总数}+\text{期末保畅设备总数})/2}$ 该指标值越高,说明设备先进程度和使用效率越高 • 日均每公里清障数 = $\dfrac{\text{清障施救车辆总数}}{\text{里程} \times \text{天数}}$ 该指标值越高,说明清障施救人员的生产率越高,生产劳动负荷也越大

注:"百万车公里清障数"指标设计仿照了交通运输部的"百万车公里事件率 = $\dfrac{\text{交通事件发生总数}}{\text{日均车流量} \times \text{里程} \times \text{天数}} \times 10^6$",交通运输部将百万车公里事件率作为安全指标(要求该指标不超过 3)。但这两个指标有所不同:前者分子采用的是"清障施救车辆总数",后者分子采用的是"交通事件发生总数",因此百万车公里清障数会高出后者 10%～20%。

2. 清障施救平均时间 BC.PD.02

该指标隶属于保畅生产绩效。

该指标用来评估保畅部门清障施救的效率。对应的管理目标是优化清障平均时间,减少主线运行畅通的影响。该指标是评价保畅生产绩效最重要的 KPI,是重要的行业对标指标。

该指标描述如表 3-14 所示。

表 3-14 清障施救平均时间 BC.PD.02

层级	标号	清障施救平均时间 BC.PD.02
第三层	公式	清障施救平均时间 = $\dfrac{清障施救总时长}{清障施救车辆总数}$ 单位:分钟/辆 说明如下。 • 清障施救总时长 = 调度时间 + 到场时间 + 施救时间 　　　　　　　 = $\sum$ 单次清障施救时长 调度时间 = 派出时间点 - 接警时间点 到场时间 = 到场时间点 - 派出时间点 施救时间 = 施救完成时间点 - 到场时间点 单次清障施救时长 = 施救完成时间点 - 接警时间点 • 清障施救车辆总数:需要被清障施救的各类型车辆总数 • 计算时间窗口:月、季度、年
	备注	(1) 该指标越低,说明保障部门前期保障力量部署越合理;保畅部门的调度响应、到场时间和施救的速度越快,说明保畅部门的清障施救生产效率越高 (2) 该指标可细分至第四层 • 按车辆类型进行细分,例如客车、货车等 • 按清障类型细分,例如车辆故障、交通事件等 • 按清障流程时间构成细分,用于分析不同流程时间的分布情况 • 不同路段的清障平均时间,可用于优化不同路段的清障力量配置 (3) 该指标可结合流量车速,计算清障引发流量和车速损失,具体请咨询 HiSORC

注:清障引发流量损失 = $\sum$ 清障事件发生前的断面平均流量 × 清障时间,其中流量为 PCU 流量。但该公式没有考虑到车道效能:封闭单个车道并不必然引发车速损失,若断面平均车速没有受影响,则无流量损失。

清障车速损失 = 清障事件前的断面平均车速 - 清障作业期间的断面平均车速(单位:公里/小时)。

上述公式计算的流量和车速损失并不精确,可构建车道通行效能模型对流量车速损失进行精确计量,具体请咨询 HiSORC。

3. 收费站管制率 BC.QE.01

该指标隶属于保畅的质效绩效。

该指标用来评估保畅部门协同交管部门对收费站交通管制的能力。对应的管理目标是主动协调交管部门,降低收费站交通管制的时长。该指标对通行费收入有很大影响。天气、政治事件、主线通行状态等存在较大的不确定性,该指标不适合全行业对标,只适宜同类型路段对标。

该指标描述如表 3-15 所示。

表 3-15 收费站管制率 BC.QE.01

层级	标 号	收费站管制率 BC.QE.01
第三层	公 式	$收费站管制率 = \dfrac{收费站管制总时长}{收费站个数 \times 计算时间窗口} \times 100\%$ 单位:% 说明如下。 • 收费站管制总时长:交管部门下达的收费站入口关闭、入口限流、出口关闭和出口分流等四类管制措施的总时长 • 收费站个数:双向累计的收费站个数 • 计算时间窗口:月、季度、年
	备 注	(1) 该指标值越高,对于通行费收入的负面影响越大 (2) 该指标可细分至第四层 • $收费站开通率 = \left(1 - \dfrac{收费站入口关闭总时长 + 收费站出口关闭总时长}{收费站个数 \times 计算时间窗口}\right) \times 100\%$ • 按管制发生地点类型细分 ➢ 收费站管制类型有:入口关闭、入口限流、出口关闭、出口分流;主动协调交管部门,缩短收费站管制时长(特别是减少入口关闭和出口分流总时长),有助于提升通行费收入 ➢ 收费站类型:按日均车流量高低将收费站分为 A、B、C、D 类,其中 A 类车流量高、D 类车流量低;应该重点缩短 A、B 类收费站管制时长,这有助于提升通行费收入 (3) 结合车道通行效能模型,可计算收费站管制引发的流量和营收损失,具体请咨询 HiSORC

4. 主线畅通率 BC.QE.02

该指标隶属于保畅的质效绩效。

该指标用来评估主线通行的畅通程度。对应的管理目标是应尽量减少主线拥堵缓行和关闭公里时长。该指标是行业对标的重要 KPI。该指标结合车道通行效能模型,可用于计算主线缓行拥堵引发的流量和车速损失。

该指标描述如表 3-16 所示。

5. 主线平均车速 BC.QE.03

该指标隶属于保畅的质效绩效。

表 3-16 主线畅通率 BC.QE.02

层级	标号	主线畅通率 BC.QE.02
第三层	公式	主线畅通率 = $\left[1 - \dfrac{\text{拥堵公里小时} + \text{缓行公里小时} + \text{主线关闭公里小时}}{\text{所辖路段公里小时总和}}\right] \times 100\%$ 单位：% 说明如下。 • 拥堵公里小时 = 拥堵时长 × 公里数 　拥堵：0≤平均车速<20km/h • 缓行公里小时 = 缓行时长 × 公里数 　缓行：20km/h≤平均车速<60km/h • 主线关闭公里小时 = 主线关闭时长 × 公里数 • 所辖路段公里小时总和 = 所辖路段公里数 × 时间窗口 • 计算时间窗口：月、季度、年
	备注	(1) 该指标值越高，说明主线用于正常通行公里时长越长，对通行费收入有正向促进作用 (2) 该指标可细分至第四层 • 拥堵缓行类型 ➢ 引发拥堵缓行的原因，例如自然灾害、交通事件、涉路工程等 ➢ 引发拥堵缓行的部门，例如养护、机电、保畅等部门作业引发拥堵缓行 • 主线关闭类型 ➢ 按主线关闭分类：例如单向封道、双向封道等；其他限流、卡口等不计入主线关闭 ➢ 按主线关闭原因分类：参照主线管制详情 • 结合车道通行效能模型，可计算各类拥堵缓行时长造成的流量和车速损失，同时也可辅助保畅部门制订精准的入口管控措施，具体请咨询 HiSORC

注：拥堵和缓行定义参考《道路交通拥堵评价方法》(GA/T 115—2020) 第 6 节表 4(参见附录中表 5)；企业也可对拥堵和缓行的车速区间进行自定义。

该指标用来评估主线畅通程度。对应的管理目标是在确保安全的情况下尽量提升车辆在主线上的通行速度。该指标是评估主线运行效率的重要 KPI 之一，是行业对标的重要 KPI。

该指标描述如表 3-17 所示。

表 3-17 主线平均车速 BC.QE.03

层级	标号	主线平均车速 BC.QE.03
第三层	公式	$$主线平均车速 = \frac{\sum_i 断面\ i\ 平均车速}{断面数量}$$ 单位：公里/小时 说明如下。 • 断面 i 平均车速 = 经过断面 i 的各类车辆的平均车速 • 断面数量：按双向计算的主线门架断面数量 • 计算时间窗口：月、季度、年
	备注	(1) 该指标值过低，说明保畅部门清障施救等管理存在不足，主线平均车速过低不仅会影响用户出行体验和满意度，同时也会对主线通行费收入产生负面影响 (2) 该指标可细分至第四层 • 根据车辆类型细分，例如客车、货车等 • 根据时间细分，例如早、中、晚等 • 根据路段细分，例如某断面区间内的平均车速 • 根据车道细分，例如一、二、三、四车道平均车速 (3) 该指标可用于构建交通事件时空预警决策模型、车道通行效能模型，具体请咨询 HiSORC

6. 日常道路巡查到位率 BC.SF.01

该指标隶属于保畅的安全绩效。

日常道路巡查是防范主线交通事件风险的重要工作。保畅部门应按照规定的时间、频次、范围和要求，对道路主线进行日常安全巡查。对应的管理目标是日常安全巡检全覆盖，主动发现风险隐患，做到防患未然。

该指标描述如表 3-18 所示。

表 3-18 日常道路巡查到位率 BC.SF.01

层级	标号	日常道路巡查到位率 BC.SF.01
第三层	公式	$$日常安全巡查到位率 = \frac{实际完成道路巡查里程}{应完成道路巡查里程} \times 100\%$$ 单位：% 说明如下。 • 实际完成道路巡查里程：现场和监控系统巡查路段里程 • 应完成道路巡查里程：按规定需要完成的道路巡查里程 • 计算时间窗口：周、月、季度、年

层级	标 号	日常道路巡查到位率 BC.SF.01
第三层	备 注	(1) 日常道路巡查是周期性的(例如每月 N 次),该指标值应当达到100%,否则保畅部门应加大道路安全巡查力度 (2) 该指标可作为强制性指标,即保畅必须完成的安全工作 (3) 该项指标可细分至第四层 • 现场道路安全巡查到位率 • 视频道路安全巡查到位率

7. 保畅现场安全事件次数 BC.SF.02

该指标隶属于保畅的安全绩效。

该指标用于评估保畅现场的安全管理水平。对应的管理目标是应尽量避免或减少养护现场人员伤亡、财产损失等安全事件发生次数。

该指标描述如表 3-19 所示。

表 3-19 保畅现场安全事件次数 BC.SF.02

层级	标 号	保畅现场安全事件次数 BC.SF.02
第三层	公 式	保畅现场安全事件次数＝保畅现场各类安全事件次数总和 单位:次 说明如下。 • 保畅现场安全事件:保畅现场会发生人员伤亡或财产损失等意外事件,例如车辆碰撞、火灾、爆炸、恶性冲突等 • 计算时间窗口:年
	备 注	(1) 该指标为负向指标,值越小说明现场安全管理水平越好;但需要注意:安全事件次数并不能说明安全事件的责任归属和严重程度,建议配套《保畅现场安全事件分级和责任认定办法》 (2) 安全事件存在随机性,该指标无法用来对标,建议设定有责重大安全事件的一票否决制 (3) 该指标可细分至第四层 • 有责现场事件次数 • 重大安全事件次数

8. 客户咨询投诉满意度 BC.SV.01

该指标隶属于保畅的服务绩效。

该指标用来评价保畅部门接待客户咨询、处理客户投诉的能力[1],可以用于

---

[1] 增设客服中心虽然能够提高企业客户服务水平,但企业的运营成本也会增加。从客户关系管理理论来看,针对客户咨询和投诉最佳方案是:提前做好客户咨询内容告知,让客户自行了解咨询内容,减少向企业的咨询;从服务流程减少服务质量缺陷,没有客户投诉是客户服务的最高目标。

行业对标。

该指标描述如表 3-20 所示。

表 3-20 客户咨询投诉满意度 BC.SV.01

层级	标号	客户咨询投诉满意度 BC.SV.01
第三层	公式	客户咨询投诉满意度 = $\dfrac{客户咨询评分总和 + 客户投诉评分总和}{客户咨询总次数 + 客户投诉总次数}$ 单位：无 说明如下。 • 客户咨询：与保畅相关的客户咨询 • 客户投诉：与保畅相关的客户投诉 • 评分总和：让客户对服务进行评分，例如，1~10 分，其中 10 分为最满意，1 分为最不满意，评分总和即客户评分的总和 • 计算时间窗口：月、季度、年
	备注	该指标可细分至第四层 • 客户咨询满意度 ➢ 客户咨询类型：用于改进客户告知内容，增强客户主动自行查阅咨询内容的行为 ➢ 发生场所（现场、电话、网络、App 等）：用于改进客户告知方式，便利客户主动自行查询 ➢ 客户咨询满意度：评估咨询服务质量 • 客户投诉满意度 ➢ 客户投诉类型：用于改进客户服务短板和盲区 ➢ 客户投诉处理满意度：评估客诉服务质量

9. 路产损失理赔率 BC.SV.02

该指标隶属于保畅的服务绩效。

该指标用于评估保畅部门挽回公司道路财产损失的能力。

该指标描述如表 3-21 所示。

表 3-21 路产损失理赔率 BC.SV.02

层级	标号	路产损失理赔率 BC.SV.02
第三层	公式	路产损失理赔率 = $\dfrac{实际完成的路产损失理赔金额}{应赔付的路产损失金额} \times 100\%$ 单位：% 说明如下。 • 路产损失理赔金额：车辆在高速公路发生事件、造成路产损失，保畅人员与驾驶员现场确认路产损失后，由驾驶员现场直赔或道路公司代客向保险公司索赔的金额 • 实际完成的路产损失理赔金额：已经到账的客户赔偿、保险公司理赔金额等 • 计算时间窗口：年

续表

层级	标号	路产损失理赔率 BC.SV.02
第三层	备注	(1) 路产损失理赔率事关道路财产损失挽回,但挽回过程受驾驶员现场直赔意愿、保险公司理赔认定和理赔流程的影响较大,建议对该指标设置一个底线值(如95%),督促保畅部门提高路产损失的挽回率 (2) 该指标可细分至第四层 • 路产损失直赔率 = $\dfrac{\text{路产损失直赔金额}}{\text{应赔付的路产损失金额}} \times 100\%$ 路产损失直赔是指肇事驾驶员与保畅部门进行定损,驾驶员不需要付钱直接签字就可以,保险公司将赔偿金额支付给公司;通常该指标值越高,说明保畅部门对客户"最多跑一次"的服务能力越强;该指标也可配套"路产损失直赔客户满意率",但通常情况下,涉及路产损失赔偿的客户满意度都不会太高,建议酌情使用 • 路产损失未理赔总额 企业可依据情况,对路产损失未理赔总额进行一个限制,例如"年度路产损失未理赔总额不得超过100万元"

10. 数据分析与管理 BC.DT.01

该指标隶属于保畅的数据绩效。

该指标用来评价保畅部门的数据录入、统计分析、管理诊断等能力。保畅部门数据分析与管理的工作重心在于如何使用数据辅助业务开展、管理改善,相关工作包括但不限于:

(1) 数据录入及时、准确且完整。

(2) 使用数据统计模型对保畅工作进行分析、问题诊断。

(3) 保畅业务数据分析与报表管理。

(4) 数据安全管理。

该指标是企业的个性化指标,其评价具有较大主观性,建议使用数据使能BC.DT.EB对保畅部门的数据分析和管理绩效进行评价。相关使能条例包括但不限于:

• 《公司/管理中心保畅部门的数据系统使用手册》。

• 《公司/管理中心保畅部门的数据统计与分析报表管理条例》。

11. 每公里每车道保畅成本 BCCO.02.01

该指标隶属于"保畅+成本"第三层。

该指标用来评估保畅部门的成本控制[①]。对应的管理目标是优化保畅部门的成本。该指标是评价保畅投入产出最重要的 KPI,是重要的行业对标指标。

该指标描述如表 3-22 所示。

表 3-22 每公里每车道保畅成本 BCCO.02.01

层级	标 号	每公里每车道保畅成本 BCCO.02.01
第三层	公 式	每公里每车道保畅成本 $= \dfrac{\text{保畅成本}}{\text{里程} \times \text{车道数}}$ 单位:万元/(公里×车道) 说明如下。 • 保畅成本:利润表中的主营业务成本归属于保畅部门的所有成本(包含人工成本、折旧摊销成本、后勤保障成本等) • 计算时间窗口:年
	备 注	(1) 该指标过高,说明保畅部门的成本控制能力较差,或者对风险预处置能力不足造成主线交通事件发生过多 (2) 该指标可按保畅成本构成细分至第四层 • 每公里每车道保畅人工成本 $= \dfrac{\text{保畅部门人工成本}}{\text{里程} \times \text{车道数}}$ • 每公里每车道保畅折旧摊销成本 $= \dfrac{\text{保畅部门折旧摊销总额}}{\text{里程} \times \text{车道数}}$ • 每公里每车道保畅后勤保障成本 $= \dfrac{\text{保畅部门后勤保障总额}}{\text{里程} \times \text{车道数}}$ • 每公里每车道保畅服务外包成本 $= \dfrac{\text{保畅部门服务外包总额}}{\text{里程} \times \text{车道数}}$ 以上指标均可折算到人均值,也可计算变动率 (3) 建议保畅部门按照人工成本、机械设备、物料、能源动力、服务外包、科研创新、行政管理等适合保畅运作特点的科目进行成本核算;部门成本独立核算,更有利于公司清晰了解每个部门发生的成本和取得的效能

---

① 成本项目可按照人工、机器设备等固定资产折旧摊销、物料、能源动力、服务外包、创新科研、行政管理、其他项目等费用类别进行分类。

3.4 养护的运作模型

3.4.1 导读

养护工作的对象：路基、路面、桥梁、涵洞与渡口、隧道、路线交叉，公路防灾与突发事件处置，交通工程及沿线设施，公路绿化与环境保护[①]，本部门的成本管控及各项管理工作等。

养护工作的目标：①确保养护对象处于正常的技术状况，为道路安全畅通提供良好的硬件条件；②提高养护项目计划的科学性，增强养护成本管控的能力；③加强养护作业/工程的全流程管理，在确保质量的前提下，优化养护项目管理能力，减少对道路通行的负面影响；④强化安全巡检和安全管理，加强风险隐患的前置处置，提升应急事件的处置能力；⑤不断增强数据赋能养护运作，提高部门的数据分析和管理素养；⑥做好本部门管理和跨部门协同，实现本部门成本管控目标。

养护工作的内容：①养护作业和工程：日常和专项养护包括计划、评审、执行、交竣工的全流程管理，确保养护质量、效能，同时做好成本管控；②安全管理：各项养护作业、工程施工的全面安全管理，加强日常道路安全巡检和风险隐患前置处置，突发情况下的应急养护；③数据分析与管理：养护运作数据统计、分析与报表管理；④本部门日常管理，以及与其他部门的协同管理。

本节内容由四部分组成。

养护基础模型：该模型从运作维度为保畅部门制订运作目标、拣选绩效类别和配置 KPI 提供了一个可视化的层级框架。基础模型未考虑财务和其他部门协同运作的目标。

"养护+"模型：通过"+"，将财务维度和其他业务部门加入养护部门，体现

---

① 有企业将房建工程、穿跨越工程也纳入养护条线之中，但这些工程并非养护部门的主责，因此 HiFORM 不提供这些工程的指标体系架构，管理者可参考基础模型自行设计。

养护与其他业务部门的联动。

"养护＋"模型应用:该部分示例了如何将"养护＋"模型快速格式化成养护的绩效考核表。

养护第三层 KPI:该部分列举并定义了"养护＋"模型第三层 KPI。

3.4.2 养护基础模型

图 3-7 从运作维度抽象了养护基础模型的层级结构,同时也给出了该模型的构造步骤如下。

步骤一:为养护设置部门运作目标(第一层)。

步骤二:为目标配置所需的绩效类别(第二层)。

步骤三:为各项绩效配置 KPI(第三层)。

步骤四:根据企业个性化需求,细化 KPI(第四层)。

步骤五:为第二层至第四层各项指标配置管理使能(简称养护使能)。

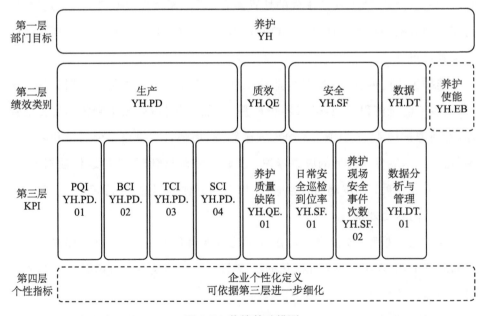

图 3-7 养护基础模型

1. 第一层说明

第一层定义了养护的运作目标,通常用养护部门的工作和责任来代替。

(1) 为什么要定义养护的运作目标?

清晰、准确地描述养护的运作目标是管理者的责任和工作,是其思维能力、文字功底和管理素质的体现,同时也是养护部门的工作指南和考核方向。

(2) 如何设定养护的第一层运作目标?

在 HiFORM 框架下,第一层运作目标是第二层各项绩效的汇总和提炼,因此,管理者需要首先对第二层运作绩效目标进行设定。

为帮助管理者以更清晰的逻辑去设定第二层绩效目标,HiFORM 提供了五个通用绩效类别①,它们本质上是描述运作绩效的关键词,管理者只需围绕这些关键词进行拓展就能得到对应的绩效目标。

管理者可通过两个步骤来定义养护的第一层运作目标。

步骤一:从第二层五个通用绩效中拣选所需的绩效类别。养护部门主要关注的绩效有:生产、质效、安全和数据。

步骤二:仔细思考每一个选中绩效需要达到的目标,将其细化描述后汇总为第一层养护部门的总目标。

请参考如下示例。

~~~
**示例:养护的运作目标**

(1) 确保道口和主线的 PQI、BCI、TCI 和 SCI 等四项指标处于正常的技术状况,为主线通行维持必要的硬件条件(对应生产 YH.PD)。

(2) 增强各项养护作业/工程的全流程管理,确保养护生产结果符合质量标准(对应质效 YH.QE)。

(3) 强化养护日常的安全巡检、养护作业/施工现场的安全管理,加强风险隐患的前置处置能力,提升应急事件的处置能力(对应安全 YH.SF)。

(4) 增强数据赋能,提高数据管理素养(对应数据 YH.DT)。
~~~

注:养护使能未体现在第一层,因为它是体现企业个性化的,不能适用于所有高速公路公司。

(3) 在定义养护基础模型的第一层时,管理者需要注意以下方面。

- 基础模型强调的是"基础",它仅聚焦养护部门的日常运作,先不建议"+"

---

① 这五个绩效分别是生产、质效、安全、服务和数据。它们是基于运作管理原理高度抽象的,适用于高速公路所有业务条线,所有业务部门都可以在同一套绩效关键词下思考问题,这不仅提高了跨部门的沟通协调效率,同时也有利于高级管理者的培养。管理者可将"质效"拆分为质量和效能,但并不建议这么做,因为高速公路业务部门产出的质量和效能并不能完全分割。

其他维度/部门。一开始就考虑与其他维度/部门联动,容易扩大部门的管理边界、分散管理者的思考力,同时也会带来潜在的部门职能矛盾冲突。从管理学角度来看,基础模型强调的是管理者必须首先做好本部门的主责工作。

- 建议将第一层设置为宏观描述性目标,不建议在第一层纳入定量化指标。首先,第一层是部门宏观层面的运作目标,客观上要求该层目标具有包容能力,将其定量化反而会引导管理者仅关注数字,忽视了其他一些重要的管理目标。其次,定量化指标来自第三、四层,与第一层之间隔了第二层,一开始就将这些定量化指标纳入第一层,实质上是一种跨层级思考方式,容易给管理者造成逻辑混乱。

- 第一层目标高度依赖于对第二层绩效目标的刻画。细心的读者可能已经发现,管理者应该首先对第二层绩效目标进行深入思考和详细刻画,当完成这个步骤之后,第一层部门总目标只是第二层各项绩效目标的提炼和汇总而已。

2. 第二层说明

第二层定义了养护运作的绩效类别,是对第一层目标的绩效分解。

(1) 如何定义养护运作的绩效类别?

保畅部门关注的绩效类别为生产、质效、安全和数据。管理者需要对各项绩效进行描述,以下是对应的示例①。

- 生产:英文 Productivity,层级标号:YH.PD

养护生产:符合营运标准的公路技术状况(即 MQI,参见附录中表 6)是养护最重要的生产工作。养护生产主要关注 MQI 下级指标(PQI、BCI、TCI 和 SCI)的指标值,根据这些指标值衰减和变动情况来制订养护作业/工程的计划和项目。

- 质效:英文 Quality & Effectiveness,层级标号:YH.QE

养护质效:确保各项养护作业/工程的质量和效能。养护质效主要关注 PQI、BCI、TCI 和 SCI 等各项养护质量缺陷。

---

① 与第一层类似,第二层绩效来源于第三层。管理者首先需要对第三层 KPI 和其他重要内容进行思考,然后将其提炼和汇总成第二层绩效目标。

- 安全：英文 Safty，层级标号：YH.SF

养护安全：对道路及沿线附属设施进行日常巡检，发现并解决安全隐患，做到防患未然；加强养护工程现场安全管理，做到安全生产；加强突发事件的应急处置能力①。养护安全主要关注日常安全巡检到位率、养护现场安全事件次数。

- 数据：英文 Data，层级标号：YH.DT

养护数据：增强各项养护数据分析和管理，提高数据技术和模型赋能保畅的水平。养护数据主要关注养护数据的分析与管理，包括数据记录、数据建模辅助养护决策、数据分析和报表生成等。

使能：英文 Enable，层级标号：YH.EB

养护使能是给上述每项绩效配套相应的管理制度、流程、办法等②。管理使能主要有三类：①国家、行业标准和地区规范；②公司管理办法、考核制度与强制性要求；③部门业务操作流程与规范。但需要注意的是，管理使能体现企业/部门的管理特色，并不具有普适性，因此图 3-7 中将其进行虚框处理。

(2) 在定义第二层时，管理者需要注意以下几方面。

- 建议将第二层运作绩效目标设置为描述性的，但可包含定量化的第三层 KPI。首先，第二层绩效类别的描述是高度抽象的，目的是为第三层 KPI 提供一个属性分类准则。其次，第二层绩效位于中观层面，客观上要求包含一些可量化的指标，这些指标体现了部门的重点工作或任务③。最后，这些量化指标来源于第三层，因此当第二层要求包含量化指标时，其前提是必须明确该绩效项下的第三层指标结构，否则不建议在第二层包含量化指标。
- 不建议在第二层"＋"新的绩效类别。首先，这四个通用绩效类别基本上

---

① 不建议将养护部门的应急处置能力作为一个安全绩效。因为从应急管理理论来看，突发事件类型多样且发生概率极小，过度投入对企业长期绩效不利。企业应该在平时加强安全监测、应急事件预防演练等来加强养护应急处置能力。事实上，养护的应急处置能力体现在"生产"和"质效"之中。

② 使能涉及企业个性化管理，HiFORM 不对其细化定义。但需要提醒的是，管理使能非常重要，是体现企业精细化和精益化管理的重要内容。管理者的责任是不断优化管理使能，提高部门整体员工的执行力，提升与其他部门的协调沟通力，确保达成养护部门的各项 KPI。

③ 例如，对前述示例中的目标(1)进行量化加强："确保道口和主线的 PQI(不低于 80 分)、BCI(不低于 90 分)、TCI 和 SCI 等四项指标处于正常的技术状况，为主线通行维持必要的硬件条件(对应生产 YH.PD)。"

已经覆盖了养护部门的运作绩效，并且它们的属性在统计意义上相互独立。其次，可以将"创新"作为一个绩效类别放在第二层，但在"科技创新"维度中定义该绩效更好。最后，第二层绩效类别超过 5 个，否则会在权重计算过程中造成"多重跳跃"现象，容易引发权重计算不合理。

- 为第二层各项绩效配置权重。首先，各项绩效的权重反映了部门的工作重心。其次，建议各单位的养护部门均采用同一套权重，这不仅符合公平原则，同时也有利于各单位养护部门的横向对标。最后，在确定第二层权重时，应征求各单位养护部门负责人的意见，最好是上下级集体协商各项权重，尽量避免权重单向设计。

3. 第三层说明

第三层定义了养护运作的关键 KPI，是对第二层各项绩效的定量化。

(1) 如何选择第三层 KPI？

KPI 选择要遵循四个原则。

- 原则一：必须遵从上层绩效的属性，不能将其他属性的 KPI 归在同一个绩效下，即同一绩效类别下的不同 KPI 应尽量满足统计独立。
- 原则二：同一绩效类别下的 KPI 总数尽量不要超过 5 个，即抓住少数关键 KPI，给业务部门留有管理余地。
- 原则三：KPI 应符合行业通行术语规范，这有助于企业/部门和行业对标。
- 原则四：为每个 KPI 配置对应的管理使能，确保达成 KPI。

(2) 养护基础模型列举了 8 个第三层 KPI(图 3-7)[①]，它们的定义请参考本节第四部分。

3.4.3 "养护＋"模型

1. 为何要构造"养护＋"模型

①养护是一个成本发生单位，其生产涉及诸多的养护计划，"养护＋成本"

[①] 第四层是对第三层指标的细化和个性化，HiFORM 不提供该层指标的定义，但在本节第四部分 KPI 指标表格中罗列了一些四级指标供管理者参考。

体现了养护部门的成本控制任务；②养护作业/施工会影响道路通行,这与保畅条线的业务有交叉,"养护＋保畅"体现了养护施工管理效能和跨部门协调能力。

2. 如何构造"养护＋"模型

在图 3-7 的基础模型上,"＋成本＋保畅"即可拓展成"养护＋"模型(图 3-8)。新模型反映了养护与财务、其他业务部门的协同。

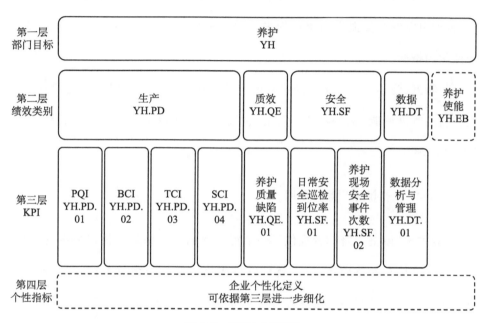

图 3-8 "养护＋"模型

"养护＋"模型的构造步骤如下。

步骤一:在第一层"＋成本＋保畅",引入养护的新目标。在"示例:养护的运作目标"基础上添加新目标,请参考如下示例中的下画线粗体字。

示例:"养护＋"目标

(1) 确保道口和主线的 PQI、BCI、TCI 和 SCI 等四项指标处于正常的技术状况,为主线通行维持必要的硬件条件(对应生产 YH.PD);**确保养护成本控制和养护计划的合理性(对应 CO.03)**。

(2) 增强各项养护作业/工程的全流程管理,确保养护生产结果符合质量标准(对应质效 YH.QE;**降低对营收的负面影响(对应质效 BC.QE)**。

(3) 强化养护日常的安全巡检、养护作业/施工现场的安全管理,加强风险隐患的前置处置能力,提升应急事件的处置能力(对应安全 YH.SF)。

(4) 增强数据赋能,提高数据管理素养(对应数据 YH.DT)。

步骤二:在第二层实施"＋",构造"＋绩效"类别。例如,"养护＋成本"CO.03,表示养护部门需要考虑成本控制。

步骤三:在第三层,为"＋绩效"类别配置新的KPI。例如,每公里每车道养护成本YHCO.03.01。

步骤四:将第三层新KPI细化至第四层。例如,每公里每车道养护人工成本,养护引发的流量损失和车速损失。除个别指标外,第四层指标大多是企业个性化的指标。

步骤五:为第二层至第四层指标配置新的使能。为第二层新增的绩效单独配置新的管理使能,例如,"养护＋成本"使能YHCO.EB,"养护＋保畅"使能YHBC.EB。

3.4.4 "养护＋"模型应用

"养护＋"模型为管理者提供了一个可视化的部门绩效考核表格生成工具。当"养护＋"模型最终确定之后,就可以格式化生成一个绩效考核表,在该表基础上可以为每一层每一个指标设置考核分值,管理使能则定义了这些指标的考核要求(对应第三层管理使能)、评分标准和考核方法(对应第四层管理使能)。表3-23示例了如何从图3-8这个层次结构模型转换为"养护＋"的综合绩效考核表。

3.4.5 "养护＋"第三层KPI

表3-24汇总了11个第三层KPI指标,其中路面技术状况指数PQI、每公里每车道养护成本、每公里每车道养护人工成本、每公里每车道养护折旧摊销成本是行业重要的对标指标,其他为企业个性化指标。

表 3-23　格式化生成"养护+"的综合绩效考核表(示例)

第一层目标：综合第二层各项绩效

×××公司养护部门综合绩效考核办法（××××年度）

(1) 确保道口和主线的PQI、BCI、TCI和SCI等四项指标处于正常的技术状况，为主线通行维持必要的硬件条件（对应生产YH.PD）；确保养护成本控制和养护计划的合理性（对应CO.03）。

(2) 增强各项养护作业/工程的全流程管理，确保养护生产结果符合质量标准（对应质效YH.QE）；降低对营收的负面影响（对应质效BC.QE）。

(3) 强化养护日常的安全巡检、养护作业/施工现场的安全管理，加强风险隐患的前置处置能力，提升应急事件的处置能力（对应安全YH.SF）。

(4) 增强数据赋能，提高数据管理素养（对应数据YH.DT）。

绩效类别	序号	考核指标	考核要求	评分标准	考核办法
生产YH.PD （分值）	1	PQI值 （x_1分）	YH.EB.PD	YH.EB.PD.01	YH.EB.PD.01
	2	BCI值 （x_2分值）	第三层KPI 的管理使能	第四层个性化指标的管理使能	
	3	TCI值 （x_3分值）			
	4	SCI值 （x_4分值）			
养护成本 CO.03 （分值）	5	每公里每车道养护成本（分值）	第三层KPI		
养护+成本使能YHCO.EB （分值）	6	养护计划、评审、执行和项目管理规范（分值）			
…	…	…			

第二层绩效使能也可成为绩效类别

表 3-24　"养护+"第三层 KPI 汇总表

序号	KPI 名　称	页码	养护+	绩效类别	行业对标
1	路面技术状况指数 PQI YH.PD.01	76		生产	√
2	桥隧构造物技术状况指数 BCI YH.PD.02	77		生产	

续表

序号	KPI 名 称	页码	养护+	绩效类别	行业对标
3	沿线设施技术状况指数 TCI YH.PD.03	78		生产	
4	路基技术状况指数 SCI YH.PD.04	78		生产	
5	养护质量缺陷 YH.QE.01	79		质效	
6	日常安全巡检到位率 YH.SF.01	80		安全	
7	养护现场安全事件次数 YH.SF.02	81		安全	
8	数据分析与管理 YH.DT.01	82		数据	
9	每公里每车道养护成本 YHCO.03.01	82	成本	养护成本	√
10	养护计划经费完成率 YHCO.03.02	83	成本	养护成本	
11	养护引发主线非畅通率 YHBC.QE.01	84	保畅	保畅质效	

注：上述 KPI 可依据企业需要细分至第四层，具体参考 76 至 84 页表格中的备注。

1. 路面技术状况指数 PQI YH.PD.01

该指标隶属于养护的生产绩效。

该指标用来评价路面技术状况。对应的管理目标是通过日常养护或专项工程养护，将 PQI 指标保持在一定值之上。该指标是高速公路行业中评价路面质量的重要对标指标，PQI 在 MQI 指数权重中占比为 70%。

该指标描述如表 3-25 所示。

表 3-25 路面技术状况指数 PQI YH.PD.01

层级	标号	路面技术状况指数 PQI YH.PD.01
第三层	公式	$PQI = w_{PCI}PCI + w_{RQI}RQI + w_{RDI}RDI + w_{PBI}PBI + w_{PWI}PWI + w_{SRI}SRI + w_{PSSI}PSSI$ 单位：无 说明如下。 • PQI 值通常由第三方检测机构给出 • PQI＝路段每公里 PQI 加权平均 • PQI 计算公式及评价方式，请参考《公路技术状况评价标准》(JTG 5210—2018)7.4 节(参见附录中表 7) • PQI 指标中 PCI(路面损坏状况指数)、RQI(路面行驶质量指数)、RDI(路面车辙深度指数)是最重要的三个指标 • 计算时间窗口：年

续表

层级	标号	路面技术状况指数 PQI YH.PD.01
第三层	备注	(1) 该指标值越高,说明路面状况越好;追求高 PQI 值会加大养护投入成本,养护投入目标应该是"维持合理的 PQI 值" (2) 该指标可细分至第四层 • 合格但未达标里程:符合国标、但未达到地方标准的里程 该指标存在地方标准,例如浙江省对 PQI 有"合格但未达标"的地方性规定,通常 PQI 达标值＞PQI 国标合格值 • PQI 提升值＝本期 PQI－前期 PQI PQI 提升值用于衡量前后两年 PQI 提升幅度,但事实上,①路面养护完成后 PQI 仍会衰减,有可能低于前期 PQI 值;②路面大修后的 PQI 提升值会大幅度增;如果考核该指标,应该允许出现负值

2. 桥隧构造物技术状况指数 BCI YH.PD.02

该指标隶属于养护的生产绩效。

该指标用来评价桥隧构造物的技术状况。对应的管理目标是必须将 BCI 维持在正常安全水平。BCI 在 MQI 指数中的权重为 12%,并且该指标存在一票否决内容。例如,桥梁、隧道、涵洞的技术状况过低会带来严重的安全隐患,一旦出现事件会直接造成道路通行中断,并引发严重的安全生产事件。

该指标描述如表 3-26 所示。

表 3-26 桥隧构造物技术状况指数 BCI YH.PD.02

层级	标号	桥隧构造物技术状况指数 BCI YH.PD.02
第三层	公式	$BCI = \min(100 - GD_{iBCI})$ 单位:无 说明如下。 • BCI 值通常由第三方检测机构提供 • BCI 计算公式及其评价方式,请参考《公路技术状况评价标准》(JTG 5210—2018) 7.5 节表 7.5.1(参见附录中表 8) • 计算时间窗口:年
	备注	(1) 该指标值越高,说明桥隧构造物技术状况越好,发生风险的概率越低;在 BCI 上的养护投入属于必需的预防性投入,可能并不会带来明显的 BCI 提升,不建议在第四层增加 BCI 提升值;BCI 值的判定较为主观,无法进行行业对标 (2) 该指标可细分至第四层 BCI 强制标准 桥隧构造物发生危险将直接造成道路运行中断,一般对 BCI 有强制性要求:桥梁、隧道维持在 3 类(含)以上,涵洞维持在"较好"以上

3. 沿线设施技术状况指数 TCI YH.PD.03

该指标隶属于养护的生产绩效。

该指标用来评价道路沿线设施的技术状况。沿线设施主要有防护设施、隔离栅、标志、标线和绿化等,尽管这些设施管理不善不会对道路通行造成严重影响,但会造成交通安全隐患。对应的管理目标是需要将 TCI 维持在正常安全水平。

该指标描述如表 3-27 所示。

表 3-27 沿线设施技术状况指数 TCI YH.PD.03

层级	标号	沿线设施技术状况指数 TCI YH.PD.03
第三层	公式	$TCI = \sum_i w_i (100 - GD_{iTCI})$ 单位:无 说明如下。 • TCI 值由第三方检测机构或公司主管部门提供 • TCI 计算公式及其评价方式,请参考《公路技术状况评价标准》(JTG 5210—2018) 7.6 节表 7.6.1(参见附录中表 9) • 计算时间窗口:年
	备注	(1) 该指标值越高,说明道路沿线设施技术状况越好,道路风险越低、整洁美观度越好 (2) 该指标细分至第四层 按沿线设施分类,例如: • 防护设施缺损(权重 25%) • 隔离栅缺损(权重 10%) • 标志缺损(权重 25%) • 标线缺损(权重 20%) • 绿化管护不善(权重 20%) 上述指标采取累计扣分制,各项指标的权重和扣分标准参见附录中表 9 (3) TCI 大多属于日常养护,对其投入并不会明显提升 TCI (4) TCI 值的判定较为主观,无法进行行业对标

4. 路基技术状况指数 SCI YH.PD.04

该指标隶属于养护的生产绩效。

该指标用来评价路基的技术状况。路基类型有路肩、边坡、水沟、路基构造物等。该指标在 MQI 指数中权重占比为 8%,但该指标存在一票否决制内容。例如,一旦发生边坡坍塌和路基构造物损毁事件,将直接造成道路通行中断。

养护的管理目标是将 SCI 维持在正常安全水平。

该指标描述如表 3-28 所示。

表 3-28 路基技术状况指数 SCI YH. PD. 04

层级	标号	路基技术状况指数 SCI YH. PD. 04
第三层	公式	$SCI = \sum_i w_i(100 - GD_{iSCI})$ 单位：无 说明如下。 • SCI 值由第三方检测机构或公司主管部门提供 • SCI 计算公式说明和评价累计扣分制,参考《公路技术状况评价标准》(JTG 5210—2018) 7.3 节表 7.3.1(参见附录中表 10) • 计算时间窗口：年
	备注	(1) 该指标值越高,说明路基状况越好,发生风险的概率越小;SCI 大多属于日常养护,对其投入不会明显提升 SCI 值;SCI 值的判定较为主观,无法进行行业对标 (2) 该指标可细分至第四层 按路基损坏分类,例如： • 路肩损坏 • 边坡坍塌 • 水毁冲沟 • 路基构造物损坏 • 路缘石缺损 • 路基沉降 • 排水不畅 其中,边坡坍塌和路基构造物损坏需重点关注,一旦发生损毁则会造成交通中断;各项目扣分标准参见附录中表 10

5. 养护质量缺陷 YH. QE. 01

该指标隶属于养护的质效绩效。

该指标用来评估责任期内发生的养护质量缺陷。尽管一些企业从日常和专项养护对养护质量缺陷进行分类评估,但评估的标准和依据仍然是 PQI、BCI、TCI 和 SCI 项下的各项内容,但该指标考核需要加上责任期,即养护项目在作业或施工责任期内发生的质量缺陷。该指标对应的管理目标是加强对养护作业的质量管理和施工质量的监管。该指标是企业的个性化指标。

该指标描述如表 3-29 所示。

表 3-29 养护质量缺陷 YH.QE.01

层级	标号	养护质量缺陷 YH.QE.01
第三层	公式	养护质量缺陷＝责任期内发生(专项＋日常)养护质量缺陷 单位:无 说明如下。 • 日常养护质量缺陷:主线、服务区、收费站内外广场、互通匝道等路面裂缝坑槽修补、桥面及伸缩缝返修率、道路绿化保洁、标识标牌、排水系统等出现的养护质量缺陷或要求整改的问题;数据由养护部门给出 • 专项工程养护缺陷:专项工程交、竣工验收材料及现场检测;数据由检测部门和养护部门提供 • 计算时间窗口:年
	备注	(1) 该指标值越低,说明养护质量越好 (2) 该指标可细分至第四层 • 按 MQI 技术指标类别分类,例如: ➢ PQI 质量缺陷 ➢ BCI 质量缺陷 ➢ TCI 质量缺陷 ➢ SCI 质量缺陷 上述各项质量缺陷的定义和评价,请参考《公路技术状况评价标准》(JTG 5210—2018)第 7 节;特别需要关注 PQI、BCI 和 SCI 中严重影响道路通行的质量缺陷项目(参见附录中表 7、表 9 和表 10) • 按养护责任单位分类,例如: ➢ 自行养护质量缺陷 ➢ 外包养护质量缺陷

6. 日常安全巡检到位率 YH.SF.01

该指标隶属于养护的安全绩效。

该指标用于评估养护部门保障高速公路畅通运营的安全工作情况。日常安全巡检是防范事件风险的重要工作。养护部门和施工单位按照规定的时间、频次、范围和要求,对道路主线和附属沿线设施(即 PQI、BCI、TCI 和 SCI 这四项指标下的内容)进行日常安全巡检。对应的管理目标是日常安全巡检全覆盖,主动发现风险隐患,做到防患未然。

该指标描述如表 3-30 所示。

表 3-30 日常安全巡检到位率 YH.SF.01

层级	标号	日常安全巡检到位率 YH.SF.01
第三层	公式	日常安全巡检到位率 = $\dfrac{实际完成巡检点数}{应完成巡检点数} \times 100\%$ 单位:% 说明如下。 • 实际完成巡检点数:现场记录和监控系统验证的巡检点数 • 应完成巡检点数:按规定需要完成的巡检点数 • 计算时间窗口:周、月
第三层	备注	(1) 日常安全巡检是周期性的(例如每月 N 次),该指标值应当达到 100%,否则养护部门应加大安全巡检管理力度 (2) 该指标可作为强制性指标,即养护必须完成的安全工作 (3) 该项指标可细分至第四层 • PQI 安检到位率 • BCI 安检到位率 • TCI 安检到位率 • SCI 安检到位率 对严重影响道路安全的对象仔细巡检,例如桥隧构造物、涵洞、边坡、路基构造物等;相应的巡检规范,请参考《公路路基养护技术规范》(JTG 5150—2020)、《公路养护技术规范》(JTG H10—2009)、《公路桥涵养护规范》(JTG H11—2004)、《公路隧道养护技术规范》(JTG H12—2015)等

7. 养护现场安全事件次数 YH.SF.02

该指标隶属于养护的安全绩效。

该指标用于评估养护部门和外包单位的作业、施工的安全管理水平,以及养护管理部门和施工单位的安全责任水平。对应的管理目标是应尽量避免或减少养护现场人员伤亡、财产损失等安全事件发生次数。

该指标描述如表 3-31 所示。

表 3-31 养护现场安全事件次数 YH.SF.02

层级	标号	养护现场安全事件次数 YH.SF.02
第三层	公式	养护现场安全事件次数 = 养护现场各类安全事件次数总和 单位:次 说明如下。 • 养护安全事件次数:养护现场发生的人员伤亡或财产损失等意外事件,例如车辆碰撞、火灾、爆炸、恶性冲突等事件 • 计算时间窗口:年

续表

层级	标号	养护现场安全事件次数 YH.SF.02
第三层	备注	(1) 该指标为负向指标,值越小说明现场安全管理水平越好;但需要注意:安全事件次数并不能说明安全事件的责任归属和严重程度;建议配套《养护安全事件分级和认定办法》;安全事件存在随机性,该指标无法用来对标,建议设定有责重大安全事件的一票否决制 (2) 建议对该指标细分至第四层 • 有责现场事件次数 • 重大安全事件次数

8. 数据分析与管理 YH.DT.01

该指标隶属于养护的数据绩效。

该指标用来评价养护部门的数据录入、统计分析、管理诊断等能力。养护部门数据分析与管理的工作重心在于如何使用数据辅助业务开展、管理改善,相关工作包括但不限于:

(1) 数据录入及时、准确且完整。

(2) 使用数据统计模型对养护工作进行分析、问题诊断。

(3) 养护业务数据分析与报表管理。

(4) 数据安全管理。

该指标是企业的个性化指标,其评价具有较大主观性。建议使用数据使能YH.DT.EB对养护部门的数据分析和管理绩效进行评价,相关使能条例包括但不限于:

• 《公司/管理中心养护部门的数据系统使用手册》。

• 《公司/管理中心养护部门的数据统计与分析报表管理条例》。

9. 每公里每车道养护成本 YHCO.03.01

该指标隶属于"养护+成本"第三层。

该指标用来评价路段养护成本和控制情况[①]。养护部门是成本发生单位,控制养护成本是它的一个重要目标。该指标是评价养护投入产出最重要的

---

① 成本项目可按照人工、机器设备等固定资产折旧摊销、物料、能源动力、服务外包、创新科研、行政管理、其他项目等费用类别进行分类。

KPI,是重要的行业对标指标。

该指标描述如表 3-32 所示。

表 3-32　每公里每车道养护成本 YHCO.03.01

层级	标号	每公里每车道养护成本 YHCO.03.01
第三层	公式	每公里每车道养护成本 = $\dfrac{养护成本}{里程 \times 车道数}$ 单位:万元/(公里×车道) 说明如下。 • 养护成本:利润表中的主营业务成本归属于养护部门的所有成本（包含人工成本、折旧摊销成本、服务外包成本等） • 计算时间窗口:年
	备注	(1) 该指标过高,说明养护部门的成本控制能力较差 (2) 该指标按照养护成本构成细分至第四层 • 每公里每车道养护人工成本 = $\dfrac{养护部门人工成本}{里程 \times 车道数}$ • 每公里每车道养护折旧摊销成本 = $\dfrac{养护部门折旧摊销总额}{里程 \times 车道数}$ • 每公里每车道养护服务外包成本 = $\dfrac{养护服务外包成本}{里程 \times 车道数}$ 以上指标均可折算到人均值,也可计算变动率 (3) 建议养护部门按照人工成本、机械设备、物料、能源动力、服务外包、科研创新、行政管理等适合养护运作特点的科目进行成本核算;部门成本独立核算,更有利于公司清晰地了解每个部门发生的成本和取得的效能

10. 养护计划经费完成率 YHCO.03.02

该指标隶属于"养护＋成本"第三层。

养护计划是养护部门最重要的工作,该指标用来评价养护计划制订合理性和养护成本控制情况。对应的管理目标是优化养护计划和成本控制。该指标体现了养护与财务的联动。

该指标描述如表 3-33 所示。

表 3-33　养护计划经费完成率 YHCO.03.02

层级	标号	养护计划经费完成率 YHCO.03.02
第三层	公式	养护计划经费完成率 = $\dfrac{养护实际完成经费}{年度养护计划经费} \times 100\%$ 单位:% 说明如下。 • 养护实际完成经费:养护部门支出的实际经费总额 • 年度养护计划经费:年初计划的养护总经费 • 计算时间窗口:年

续表

层级	标号	养护计划经费完成率 YHCO.03.02
第三层	备注	(1) 该指标过高或过低都不是好事,要么反映养护计划不合理导致偏差过大,要么反映成本控制差 (2) 建议根据企业个性化需求,对该指标细分至第四层。例如,"养护计划经费完成率在 95%～100% 为考核优秀,<95% 扣 x 分,超过 100% 扣 y 分" (3) 该指标可细分至第四层 • 按 PQI、BCI、TCI 和 SCI 养护类型分类 • 按自行和服务外包经费分类

11. 养护引发主线非畅通率 YHBC.QE.01

该指标隶属于"养护＋保畅"质效第三层,体现养护与保畅的联动。

该指标用于评估养护作业对于道路营收的影响。对应的管理目标是养护部门需要合理安排养护作业时间和区域,尽量缩短施工路段长度和占用车道数,可采取错时施工、夜间施工等方式提高施工效率,减少对道路通行的影响。

该指标描述如表 3-34 所示。

表 3-34 养护引发主线非畅通率 YHBC.QE.01

层级	标号	养护引发主线非畅通率 YHBC.QE.01

第三层	公式	养护引发主线非畅通率 = $\dfrac{拥堵公里小时 + 缓行公里小时 + 主线关闭公里小时}{所辖路段公里小时总和} \times 100\%$
		单位:%
		说明如下。
		• 拥堵公里小时 = 拥堵时长 × 公里数
		  拥堵:0≤平均车速<20km/h
		• 缓行公里小时 = 缓行时长 × 公里数
		  缓行:20km/h≤平均车速<60km/h
		• 主线关闭公里小时 = 主线关闭时长 × 公里数
		• 所辖路段公里小时总和=所辖路段公里数×时间窗口
		• 计算时间窗口:月、季度、年

	备注	(1) 通常该指标值越小,养护作业和工程的效能就越好,但该指标无法用于评价流量不同的路段,通常该指标对大流量路段的通行费收入影响会更大 (2) 该指标可细化至第四层 养护引发的流量和车速损失 上述两个指标计算参见保畅的表 3-14。通常流量损失越小,说明养护施工对通行费收入影响越小;车速损失越小,说明养护作业管理的效能越高

3.5 机电的运作模型

3.5.1 导读

机电工作的对象：收费系统、监控系统、通信系统、隧道机电系统、供配电及照明系统五大机电信息系统；机电日常作业与专项工程项目管理等，本部门的成本管控及各项管理工作。

机电工作的目标：①确保道口和主线上各类机电信息系统处于正常的技术状态，降低机电信息系统故障对其他业务部门的负面影响；②提高机电信息项目计划的科学性，强化机电作业/工程的全流程管理，增强成本管控能力；③强化安全巡检和安全管理，加强风险隐患的前置处置，提升应急事件的处置能力；④为其他业务部门提供咨询和问题处理服务，增强对内客户服务满意度；⑤不断增强数据赋能机电信息、提高数据分析和管理素养；⑥做好本部门管理和跨部门协同，实现本部门成本管控目标。

机电的工作内容：①项目管理：对各项机电信息工程项目包括计划、评审、执行、交竣工的全流程管理；②作业管理：各类机电信息系统的安装、调试、运维和故障处理；③安全管理：各项机电信息系统的全面安全管理，风险排查，以及突发情况下的应急运维；④服务管理：内部客户咨询和服务；⑤数据统计分析与管理：部门数据统计、分析与报表管理等；⑥本部门日常管理，以及与其他部门的协同管理。

本部分由四部分组成。

机电基础模型：该模型从运作维度为机电部门制订运作目标、拣选绩效类别和配置 KPI 提供了一个可视化的层级框架。基础模型未考虑财务和其他部门协同运作的目标。

"机电＋"模型：通过"＋"将财务维度和其他业务部门加入机电部门，体现机电与其他业务部门的联动。

"机电+"模型的应用:该部分示例了如何将"机电+"模型快速格式化成机电的绩效考核表。

机电第三层KPI:该部分列举并定义了"机电+"模型第三层KPI。

3.5.2 机电基础模型

图3-9从运作维度抽象了机电的基础运作模型的层级结构,同时也提供了该模型的构造步骤如下。

步骤一:为机电设置部门运作目标(第一层)。

步骤二:为目标配置对应的绩效类别(第二层)。

步骤三:为各项绩效配置关键KPI(第三层)。

步骤四:根据企业个性化需求,细化第三层KPI(第四层)。

步骤五:为第二层至第四层各项指标配置管理使能(简称机电使能)。

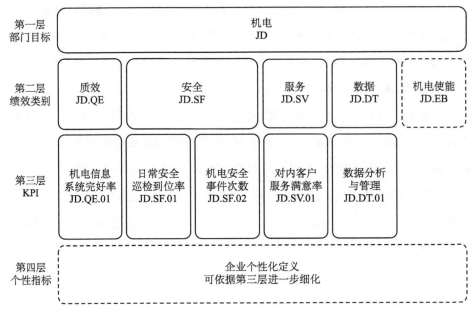

图3-9 机电基础运作模型

1. 第一层说明

第一层定义了机电的运作目标,通常用机电的工作目标和责任来代替。

（1）为什么要定义机电的运作目标？

清晰、准确地描述机电的运作目标是管理者的责任和工作，是其思维能力和管理素质的体现，同时也是机电部门的工作指南和考核方向。

（2）如何设定机电的第一层运作目标？

在 HiFORM 框架下，第一层运作目标是第二层各项绩效的汇总和提炼，因此，管理者需要首先对第二层运作绩效目标进行设定。

为帮助管理者以更清晰的逻辑去设定第二层绩效目标，HiFORM 提供了五个通用绩效类别[①]，它们本质上是描述运作绩效的关键词，管理者只需围绕这些关键词进行拓展就能得到对应的绩效目标。

管理者可通过两个步骤定义机电的第一层运作目标。

步骤一：从第二层五个通用绩效中拣选所需的绩效类别。机电部门主要关注质效、安全、服务和数据这四个绩效类别。

步骤二：仔细思考每一个选中绩效需要达到的目标，将其细化描述后汇总为第一层机电部门的总目标。

请参考如下示例。

〰〰〰〰〰〰〰〰〰〰〰〰〰〰〰〰〰〰〰〰〰〰〰〰〰〰〰〰〰〰〰〰

示例：机电的运作目标

（1）确保道口和主线上各类机电信息系统处于正常的技术状态，降低机电信息系统故障对其他业务部门的负面影响（对应质效 JD. QE）。

（2）增强主动安全管理，确保各项作业/工程符合安全规范（对应安全 JD. SF）。

（3）提高对本单位其他业务部门咨询和问题处理的服务能力（对应服务 JD. SV）。

（4）增强数据赋能，提高数据管理素养（对应数据 JD. DT）。

〰〰〰〰〰〰〰〰〰〰〰〰〰〰〰〰〰〰〰〰〰〰〰〰〰〰〰〰〰〰〰〰

注：机电使能并未体现在第一层，因为它是体现企业个性化的，不具有普适性。

（3）在定义机电基础模型的第一层时，管理者需要注意以下方面。

- 基础模型强调的是"基础"，它仅聚焦机电部门的日常运作，先不建议"＋"其他维度/部门。如果一开始就考虑与其他维度/部门联动，容易扩大部门的管理

[①] 这五个绩效分别是生产、质效、安全、服务和数据。它们是基于运作管理原理高度抽象的，适用于高速公路所有业务条线，所有业务部门都可以在同一套绩效关键词下思考问题，这不仅提高了跨部门的沟通协调效率，同时也有利于高级管理者的培养。管理者可将"质效"拆分为质量和效能，但并不建议这么做，因为高速公路业务部门产出的质量和效能并不能完全分割。

边界、分散管理者的思考力,同时也会带来潜在的部门职能矛盾冲突。从管理学角度来看,基础模型强调的是管理者必须首先做好本部门的主责工作。

- 建议将第一层设置为宏观描述性目标,不建议在第一层纳入定量化指标。首先,第一层是部门宏观层面的运作目标,客观上要求该层目标具有包容能力,将其定量化反而会引导管理者仅关注数字,忽视了其他一些重要的管理目标。其次,定量化指标来自第三、四层,与第一层之间隔了第二层,如果一开始就将这些定量化指标纳入第一层,实质上是一种跨层级思考方式,容易给管理者造成逻辑混乱。

- 第一层目标高度依赖于对第二层绩效目标的刻画。细心的读者可能已经发现,管理者应该首先对第二层绩效目标进行深入思考和详细刻画,当完成这个步骤之后,第一层部门总目标只是第二层各项绩效目标的提炼和汇总而已。

2. 第二层说明

第二层定义了机电运作的绩效类别,是对第一层目标的绩效分解。

(1) 如何定义机电运作的绩效类别?

机电部门关注的绩效类别为质效、安全、服务和数据。管理者需要对各项绩效进行描述,以下是对应的示例①。

- 质效:英文 Quality & Effectiveness,层级标号:JD. QE

机电质效:确保道口和主线上各类机电信息系统处于正常的技术状态,降低机电信息系统故障对其他业务部门的负面影响。机电质效主要关注机电信息设备完好率。

- 安全:英文 Safety,层级标号:JD. SF

机电安全:对五大机电信息系统进行主动安全管理,加强日常巡检、运维,防患未然;加强机电信息系统安装作业和工程施工安全管理,做到安全生产;加强突发事件的应急处置能力②。机电安全主要关注日常巡检的到位率和机电安

---

① 与第一层类似,第二层绩效来源于第三层。管理者首先需要对第三层 KPI 和其他重要内容进行思考,然后将其提炼和汇总成第二层绩效目标。

② 不建议将机电部门的应急处置能力作为一个安全绩效。机电部门应该在平时加强安全监测、应急事件预防演练等来加强应急处置能力。事实上,机电应急处置能力体现在"质效"之中。

全事件。

- 服务：英文 Service，层级标号：JD.SV

机电服务：对内部客户（如其他业务部门）提供机电信息系统使用培训教育、问题咨询与处理服务，提高内部客户服务满意度。机电服务主要关注对内客户服务满意度。

- 数据：英文 Data，层级标号：JD.DT

机电数据：增强各项机电数据分析和管理，提高数据赋能水平。机电数据主要关注数据的分析与管理，包括数据记录、数据建模辅助业务决策、数据分析和报表生成等。

- 使能：英文 Enable，层级标号：JD.EB

机电使能是给上述每项绩效配套相应的管理制度、流程、办法等①。使能主要有三类：①国家、行业标准和地区规范；②公司管理办法、考核制度与强制性要求；③部门业务操作流程与规范。但需要注意的是，管理使能体现企业/部门的管理特色，并不具有普适性，因此图 3-9 中将其进行虚框处理。

（2）在定义第二层时，管理者需要注意以下方面。

- 建议将第二层运作绩效目标设置为描述性的，但可包含定量化的第三层 KPI。首先，第二层绩效类别的描述是高度抽象的，目的是为第三层 KPI 提供一个属性分类准则。其次，第二层绩效位于中观层面，客观上要求包含一些可量化的指标，这些指标体现了部门的重点工作或任务②。最后，这些量化指标来源于第三层，因此当第二层要求包含量化指标时，其前提是必须明确该绩效项下的第三层指标结构，否则不建议在第二层包含量化指标。

- 不建议在第二层"+"新的绩效类别。首先，这四个通用绩效类别基本上

---

① 管理使能涉及企业个性化管理，HiFORM 不对其细化定义。但需要提醒的是，管理使能非常重要，是体现企业精细化和精益化管理的重要内容。管理者的责任是不断优化管理使能，提高部门整体员工的执行力，提升与其他部门的协调沟通力，确保达成本业务条线的各项 KPI。

② 例如，对前述示例中的目标(1)进行量化加强："确保道口和主线上各类机电信息系统处于正常的技术状态，降低机电信息系统故障对其他业务部门的负面影响（对应质效 JD.QE），<u>收费系统故障时间不得超过10小时/年</u>"。

已经覆盖了机电部门的运作绩效,并且它们的属性在统计意义上相互独立。其次,可以将"创新"作为一个绩效类别放在第二层,但在"科技创新"维度中定义该绩效更好。最后,第二层绩效类别超过 5 个,以免在权重计算过程中造成"多重跳跃"现象,容易引发权重计算不合理。

- 为第二层各项绩效配置权重。首先,各项绩效的权重反映了部门的工作重心。其次,建议各单位的机电部门均采用同一套权重,这不仅符合公平原则,同时也有利于各单位机电部门的横向对标。最后,在确定第二层权重时,应征求各单位机电部门负责人的意见,最好是上下级集体协商各项权重,尽量避免权重单向设计。

3. 第三层说明

第三层定义了机电运作的关键 KPI,是对第二层各项绩效的定量化。

(1) 如何选择第三层 KPI?

KPI 选择要遵循四个原则如下。

- 原则一:必须遵从上层绩效的属性,不能将其他属性的 KPI 归在同一个绩效下,即同一绩效类别下的不同 KPI 应尽量满足统计独立。
- 原则二:同一绩效类别下的 KPI 总数尽量不要超过 5 个,即抓住少数关键 KPI,给业务部门留有管理余地。
- 原则三:KPI 应符合行业通行术语规范,这有助于企业/部门和行业对标。
- 原则四:为每个 KPI 配置对应的管理使能,确保达成 KPI。

(2) 机电基础模型列举了 5 个第三层 KPI(图 3-9)[①],它们的定义请参考本节第四部分。

3.5.3 "机电+"模型

1. 为何要构造"机电+"模型

①机电是一个成本发生单位,各类机电信息系统工程的改造、升级和更新

---

① 第四层是对第三层指标的细化和个性化,HiFORM 不提供该层指标的定义,但在本节第四部分 KPI 指标表格中罗列了一些四级指标供管理者参考。

计划是其重要工作,"机电＋成本"体现了机电部门的成本控制任务；②机电作业/施工会影响道路通行,这与保畅条线的业务有交叉,"机电＋保畅"体现了机电施工管理效能和跨部门协调能力①。

2. 如何构造"机电＋"模型

在图 3-9 的基础模型上,"＋成本＋保畅"即可拓展成"机电＋"模型(图 3-10)。新模型反映了机电与财务、其他业务部门的协同。

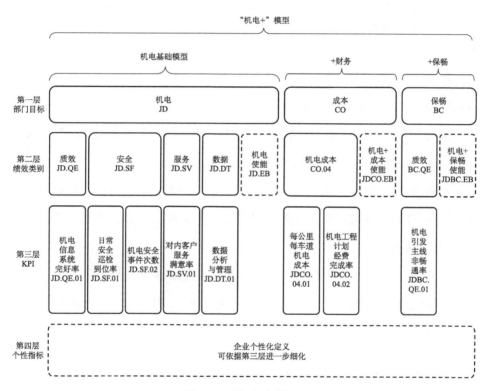

图 3-10 "机电＋"模型

"机电＋"模型的构造步骤如下。

步骤一：在第一层"＋成本",引入机电的新目标。在"示例：机电的运作目标"基础上添加新目标,请参考如下示例中的下划线粗体字。

---

① "机电＋营运"主要体现在道口收费设备和后台收费系统的联动上,这部分主要体现在机电的质效之中,因此"机电＋"模型中没有考虑"＋营运"。

> 示例:"机电＋成本＋保畅"目标
>
> (1) 提高机电信息系统投入产出有效性,确保机电信息成本控制和机电信息改造、升级和更新计划的合理性(对应 CO.04)。
>
> (2) 确保道口和主线上各类机电信息系统处于正常的技术状态,降低机电信息系统故障对其他业务部门的负面影响(对应质效 JD.QE);降低机电作业/施工对主线通行的影响(对应质效 BC.QE)。
>
> (3) 增强主动安全管理,确保各项作业/工程符合安全规范(对应安全 JD.SF)。
>
> (4) 提高对本单位其他业务部门咨询和问题处理的服务能力(对应服务 JD.SV)。
>
> (5) 增强数据赋能,提高数据管理素养(对应数据 JD.DT)。

步骤二:在第二层实施"＋",构造"＋绩效"类别。例如,"＋机电成本" CO.04,表示机电部门需要考虑成本控制。

步骤三:为"＋绩效"类别配置 KPI。例如,每公里每车道机电成本 JDCO.04.01、机电工程计划经费完成率 JDCO.04.02 等。

步骤四:个性化定义和细化 KPI 至第四层。例如,收费、监控、通信、隧道机电、供配电及照明系统项目的计划经费完成率。第四层指标是企业个性化的指标,不具有普适性。

步骤五:为第二层至第四层指标配置新的使能。为第二层新增的绩效单独配置新的使能,例如"机电＋成本"使能 JDCO.EB、"机电＋保畅"使能 JDBC.EB。

3.5.4 "机电＋"模型应用

"机电＋"模型为管理者提供了一个可视化的部门绩效考核表格生成工具。当"机电＋"模型最终确定之后,就可以格式化生成一个绩效考核表,在该表基础上可以为每一层每一个指标设置考核分值,管理使能则定义了这些指标的考核要求(对应第三层管理使能)、评分标准和考核方法(对应第四层管理使能)。表 3-35 示例了如何将图 3-10 转换为一个"机电＋"的综合绩效考核表。

表 3-35 格式化生成"机电十"的综合绩效考核表(示例)

第一层目标：综合第二层各项绩效

×××公司机电部门综合绩效考核办法（××××年度）

(1) 提高机电信息系统投入产出有效性，确保机电信息成本控制和机电信息改造、升级和更新计划的合理性（对应CO.04）
(2) 确保道口和主线上各类机电信息系统处于正常的技术状态，降低机电信息系统故障对其他业务部门的负面影响（对应质效JD.QE）；降低机电作业/施工对主线通行的影响（对应质效BC.QE）
(3) 增强主动安全管理，确保各项作业/工程符合安全规范（对应安全JD.SF）
(4) 提高对本单位其他业务部门咨询和问题处理的服务能力（对应服务JD.SV）
(5) 增强数据赋能，提高数据管理素养（对应数据JD.DT）

绩效类别	序号	考核指标	考核要求	评分标准	考核办法
机电成本 CO.04 （分值）	1	每公里每车道机电成本（x_1分）	JDCO.EB.01	JDCO.EB.01.01	JDCO.EB.01.01
	2	机电工程计划经费完成率（x_1分值）	第三层KPI的管理使能	第四层个性化指标的管理使能	
机电+成本使能 JDCO.EB （分值）	3	机电工程计划、评审、执行和项目管理规范（分值）	第三层KPI		
…	…	…			

（第二层绩效使能也可成为绩效类别）

3.5.5 "机电十"第三层 KPI

表 3-36 汇总了 8 个第三层 KPI 指标，其中每公里每车道机电成本、每公里每车道机电人工成本、每公里每车道折旧摊销是行业重要的对标指标，其他为企业个性化指标。

表 3-36 "机电十"第三层 KPI 汇总表

序号	KPI 名 称	页码	机电+	绩效类别	行业对标
1	机电信息系统完好率 JD.QE.01	94		质效	
2	日常安全巡检到位率 JD.SF.01	95		安全	

续表

序号	KPI 名称	页码	机电＋	绩效类别	行业对标
3	机电安全事件次数 JD.SF.02	95		安全	
4	对内客户服务满意度 JD.SV.01	96		服务	
5	数据分析与管理 JD.DT.01	97		数据	
6	每公里每车道机电成本 JDCO.04.01	97	成本	机电成本	√
7	机电工程计划经费完成率 JDCO.04.02	98	成本	机电成本	
8	机电引发主线非畅通率 JDBC.QE.01	99	保畅	保畅质效	

注：上述 KPI 可依据企业管理需要细分至第四层，具体参考 94~99 页表格中的备注。

1. 机电信息系统完好率 JD.QE.01

该指标属于机电的质效绩效。

该指标用于评估机电信息系统的使用稳定性和日常维护质量。对应的管理目标是确保机电信息系统处于正常的技术状况，降低机电信息系统故障对其他业务部门的影响。该指标是企业的个性化指标。

该指标描述如表 3-37 所示。

表 3-37 机电信息系统完好率 JD.QE.01

层级	标号	机电信息系统完好率 JD.QE.01
第三层	公式	机电系统完好率 = $\left(1 - \dfrac{\text{机电信息系统故障时长}}{\text{总时长}}\right) \times 100\%$ 单位：% 说明如下。 • 机电信息系统故障时长：机电信息系统发生故障后，从停止运行到恢复正常运行所需的时间 • 总时长：机电信息系统使用时长总和 • 计算时间窗口：年
	备注	(1) 该指标值越高，说明机电部门的运维质量越高 (2) 该指标可细分至第四层 按机电五大系统分类，例如： • 收费系统完好率 • 监控系统完好率 • 通信系统完好率 • 供配电及照明系统完好率 • 隧道机电系统完好率 企业可继续对上述指标进行个性化定义，例如收费系统可继续细化为 ETC 交易成功率、车牌识别率等 (3) 特别需要关注收费系统、监控系统和供配电中严重影响道路营收的系统故障

2. 日常安全巡检到位率 JD.SF.01

该指标属于机电的安全绩效。

对五大机电信息系统进行日常安全巡检是防范事件风险的重要工作。机电部门应按照规定的时间、频次、范围和要求,对五大机电系统进行日常安全巡查。对应的管理目标是日常安全巡检全覆盖,及时发现、反馈机电设备安全隐患及系统漏洞并督促整改,做到防患未然。

该指标描述如表 3-38 所示。

表 3-38 日常安全巡检到位率 JD.SF.01

层级	标号	日常安全巡检到位率 JD.SF.01
第三层	公式	日常安全巡检到位率 = $\dfrac{\text{实际完成巡检点数}}{\text{应完成巡检点数}} \times 100\%$ 单位:% 说明如下。 • 实际完成巡检点数:现场记录和监控系统验证的巡检点数 • 应完成巡检点数:按规定需要完成的检点数 • 计算时间窗口:周、月
	备注	(1) 日常安全巡检是周期性的(例如每月 N 次),该指标应达到 100%,否则机电部门应加大安全巡检管理力度 (2) 该指标可作为强制性指标,即机电必须完成的安全工作 (3) 该项指标可细分至第四层 • 收费系统安检到位率 • 监控系统安检到位率 • 通信系统安检到位率 • 供配电及照明系统安检到位率 • 隧道机电系统安检到位率 对严重影响道路营收及管理的对象仔细巡检,例如 ETC 门架系统、电力控制系统、隧道机电设施等

3. 机电安全事件次数 JD.SF.02

该指标属于机电的安全绩效。

该指标用于评估机电施工和运维的安全管理水平。对应的管理目标是应尽量避免或减少机电施工和运维过程中的人员伤亡、财产损失等安全事件的发生次数。

该指标描述如表 3-39 所示。

表 3-39 机电安全事件次数 JD.SF.02

层级	标号	机电安全事件次数 JD.SF.02
第三层	公式	机电安全事件次数 = 机电施工安全事件次数 + 机电运维安全事件次数 单位：次 说明如下。 • 机电作业安全事件次数：机电工作人员在作业现场发生的安全事件次数 • 机电运维安全事件次数：机电设备在使用过程中发生的安全事件次数，例如因设备漏电、隧道自动火灾报警系统故障等因素导致的财产损失事件 • 计算时间窗口：年
	备注	(1) 该指标为负向指标，值越小说明现场安全管理水平越好；但需要注意，安全事件次数并不能说明安全事件的责任归属和严重程度，建议配套《机电设备安全事件分级及认定办法》；机电安全事件存在随机性，该指标无法用来对标；建议设定有责重大安全事件的一票否决制 (2) 该指标可细分至第四层 • 有责现场事件次数 • 重大安全事件次数

4. 对内客户服务满意度 JD.SV.01

该指标属于机电的服务绩效。

机电部门管辖的收费、监控和通信系统与营运和保畅部门存在紧密关联。除了对这些系统进行日常运维之外，机电部门还承担着对本单位其他业务部门提供系统使用培训、问题咨询和处理等服务。对应的管理目标是提高对本单位内部客户服务的满意度。

该指标描述如表 3-40 所示。

表 3-40 对内客户服务满意度 JD.SV.01

层级	标号	对内客户服务满意度 JD.SV.01

第三层	公式	对内客户服务满意度 = 内部客户对服务满意度评分
		单位：无
		说明如下。
		• 对内客户服务满意度评分维度
		  ➢ 是否提供完善的系统培训服务
		  ➢ 是否及时地解决系统使用问题
		• 计算时间窗口：月、年

续表

层级	标号	对内客户服务满意度 JD.SV.01
第三层	备注	(1) 该指标值越高，说明机电部门对内客户服务水平越高 (2) 需要注意，机电部门通常是各类系统的使用者，系统设计开发者为外包单位；机电部门在计划采购时，需要将业务部门使用系统的实用性、便利性和可靠性考虑在内，减少潜在的不满意因素 (3) 该指标可细分至第四层 • 培训服务满意度 • 问题解决满意度

5. 数据分析与管理 JD.DT.01

该指标属于机电的数据绩效。

该指标用来评价机电部门的数据录入、统计分析、管理诊断等能力。

机电部门数据分析与管理的工作重心在于如何使用数据辅助业务开展、管理改善，相关工作包括但不限于：

（1）数据录入及时、准确且完整。

（2）使用数据统计模型对机电工作进行分析、问题诊断。

（3）机电业务数据分析与报表管理。

（4）数据安全管理。

该指标是企业的个性化指标，其评价具有较大主观性，建议使用数据使能 JD.DT.EB 对机电部门的数据分析和管理绩效进行评价，相关使能条例包括但不限于：

• 《公司/管理中心机电部门的数据系统使用手册》。

• 《公司/管理中心机电部门的数据统计与分析报表管理条例》。

6. 每公里每车道机电成本 JDCO.04.01

该指标隶属于"机电＋成本"第三层。

该指标用来评价路段机电成本和控制情况。机电部门是成本发生单位，控制成本是其一个重要目标。该指标是评价机电投入产出最重要的 KPI，是重要的行业对标指标。

该指标描述如表 3-41 所示。

表 3-41　每公里每车道机电成本 JDCO.04.01

层级	标号	每公里每车道机电成本 JDCO.04.01
第三层	公式	每公里每车道机电成本 = $\dfrac{机电成本}{里程 \times 车道数}$ 单位：万元/（公里×车道） 说明如下： • 机电成本：利润表中的主营业务成本归属于机电部门的所有成本（包含人工成本、折旧摊销成本、能源动力、服务外包成本等） • 计算时间窗口：年
	备注	(1) 该指标过高，说明养护部门的成本控制能力较差 (2) 该指标可按机电成本构成细分至第四层 • 每公里每车道机电人工成本 = $\dfrac{机电部门人工成本}{里程 \times 车道数}$ • 每公里每车道机电折旧摊销成本 = $\dfrac{机电部门折旧摊销总额}{里程 \times 车道数}$ • 每公里每车道机电能源动力成本 = $\dfrac{机电耗费的能源动力总额}{里程 \times 车道数}$ • 每公里每车道机电服务外包成本 = $\dfrac{机电服务外包总额}{里程 \times 车道数}$ 以上指标均可折算到人均值，也可计算变动率 (3) 建议机电部门按照人工成本、机械设备、物料、能源动力、服务外包、科研创新、行政管理等适合养护运作特点的科目进行成本核算；部门成本独立核算，更有利于公司清晰地了解每个部门发生的成本和取得的效能

7. 机电工程计划经费完成率 JDCO.04.02

该指标属于机电的"机电生产＋成本"绩效。

该指标用来评价机电工程计划制订合理性和养护成本控制情况。对应的管理目标是优化机电工程计划和成本控制。该指标体现了机电与财务的联动。

该指标描述如表 3-42 所示。

表 3-42　机电工程计划经费完成率 JDCO.04.02

层级	标号	机电工程计划经费完成率 JDCO.04.02
第三层	公式	机电工程计划经费完成率 = $\dfrac{机电实际完成经费}{年度机电计划经费} \times 100\%$ 单位：% 说明如下。 • 机电实际完成经费：机电部门支出的实际经费总额 • 年度机电计划经费：年初计划的机电工程、项目的总经费 • 计算时间窗口：年

续表

层级	标 号	机电工程计划经费完成率 JDCO.04.02
第三层	备 注	(1) 该指标过高或过低都不是好事,要么反映机电计划不合理导致偏差过大,要么反映成本控制差 (2) 建议根据企业个性化需求,对该指标细分至第四层,例如,"机电计划经费完成率在 95%～100% 为考核优秀,<95% 扣 x 分,超过 100% 扣 y 分" (3) 该指标可细分至第四层 按五大系统工程来分类

8. 机电引发主线非畅通率 JDBC.QE.01

该指标隶属于"机电＋保畅"质效第三层,体现机电与保畅的联动。

该指标用于评估机电作业对于道路营收的影响。对应的管理目标是机电部门需要合理安排机电作业时间和区域,尽量缩短施工路段长度和占用车道数,可采取错时施工、夜间施工等方式,提高施工效率,减少对道路通行的影响。

该指标描述如表 3-43 所示。

表 3-43　机电引发主线非畅通率 JDBC.QE.01

层级	标 号	机电引发主线非畅通率 JDBC.QE.01
第三层	公 式	机电引发主线非畅通率 = $\dfrac{\text{拥堵公里小时}+\text{缓行公里小时}+\text{主线关闭公里小时}}{\text{所辖路段公里小时总和}} \times 100\%$ 单位:% 说明如下。 • 拥堵公里小时 = 拥堵时长 × 公里数 　拥堵:0≤平均车速<20km/h • 缓行公里小时 = 缓行时长 × 公里数 　缓行:20km/h≤平均车速<60km/h • 主线关闭公里小时 = 主线关闭时长 × 公里数 • 所辖路段公里小时总和 = 所辖路段公里数 × 时间窗口 • 计算时间窗口:月、季度、年
	备 注	(1) 通常该指标值越小,机电作业和工程的效能就越好,但该指标无法用于评价流量不同的路段,通常该指标对大流量路段的通行费收入影响会更大 (2) 该指标可细化至第四层 机电引发的流量和车速损失 上述两个指标计算参见保畅部分的表 3-14。通常流量损失越小,说明机电施工对通行费收入影响越小;车速损失越小,说明机电作业管理的效能越高

4 行业实践:浙江沪杭甬嘉兴管理中心保畅部门指标体系、权重与绩效

4.1 案例背景

浙江省沪杭甬高速公路股份有限公司下属的嘉兴管理中心(以下简称嘉兴中心)[①]承担5条高速公路累计150.44公里路段的运营管理工作,具体包括:S2杭甬高速—嘉兴段(9.44公里)、S11乍嘉苏高速(25.95公里)、S9苏绍高速—钱江通道北接线段(11.42公里)、G60沪昆高速—嘉兴段(78.8公里)、G1522常台高速—乍嘉苏段(24.83公里)。嘉兴中心下辖高速公路地处我国东南沿海长三角南翼的杭嘉湖平原,是连接上海、杭州中心城市和宁波港的"黄金通道",与其他多条高速公路接轨,是浙江省内最重要的高速路段之一。嘉兴中心下辖路段日均车流量长期处于浙江省内各管理中心的前列,其保畅压力和保畅成本也居于前列。

近年来,中国高速公路行业发展环境不断变化,嘉兴中心上级集团公司——浙江省交通投资集团有限公司,提出高速公路管理需要从粗放转向精细化经营,降本提质增效已经上升到了集团发展战略的高度。在对标集团"打造世界一流企业"、上级公司"打造主业第一品牌",以及嘉兴中心"业财融合推进高质量发展"的目标定位下,嘉兴中心保畅部门正在积极探索业务转型,亟须构建一套科学的保畅运作和财务指标体系,以此作为保畅部门管理优化和改善的基础,同时推动该指标体系在行业中的广泛应用。

---

① 嘉兴管理中心隶属于浙江省沪杭甬高速公路股份有限公司(以下简称沪杭甬公司),沪杭甬公司隶属于浙江省交通投资集团股份有限公司,沪杭甬公司的经营理念、经营绩效和管理效能是全国高速公路管理行业中的排头兵。

本案例由嘉兴中心与浙江财经大学工商管理学院 HiSORC 中心联合制作，其目的是为高速公路行业的保畅部门提供一套标准、规范和可复制的指标体系、权重计算方法和绩效分析工具。

4.2 指标体系、权重计算和考核说明

1. 构建保畅综合绩效指标体系

评估保畅部门综合绩效首要面临的问题是，如何构建一个能够反映保畅部门各类绩效的指标体系，并且该指标体系应具有层次分明、结构清晰、定义准确、实用性强、普适性好等特点，在此基础上计算得到的权重才具有较好的科学性、权威性和指导性。HiFORM 耗费巨大精力抽象得到的"保畅＋"模型（图 3-6）的目的正在于此，因此本部分在该模型基础上进行稍许变种，构造适合评估嘉兴中心保畅部门综合绩效的层次结构模型（图 4-1），其中各层、各项指标权重计算采用层次分析法（analytic hierarchy process，AHP），其理论与方法参见附录中表 11。

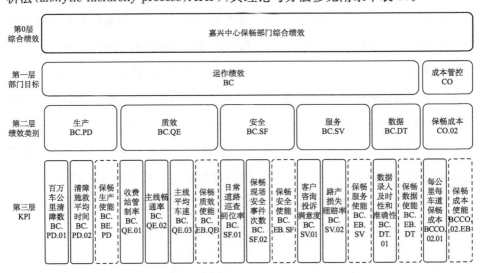

图 4-1 嘉兴中心保畅部门的绩效指标层次结构

注：第三层 KPI"数据分析与管理"用"数据录入及时性和准确性"代替。

2. 各层指标权重计算

各层指标的权重计算步骤与说明如下。

第一层指标权重：①参与者包括嘉兴中心总经理和副总经理、保畅部门正副处长、财务部门正副处长；②按 AHP 方法对第一层指标重要性进行打分，直至权重通过一致性检验。

第一层指标说明：保畅运作绩效权重通常要高于成本管控。一般情况下，保畅运作绩效的权重不低于 60%。

第二层指标权重：①参与者包括嘉兴中心总经理和副总经理、保畅部门正副处长、保畅部门各主管；②按 AHP 方法对第二层指标重要性进行打分，直至权重通过一致性检验。

第二层指标说明：与图 3-6 不同，图 4-1 中第二层的"使能"均移到了第三层，原因是嘉兴中心认为应该对每一项绩效类别分别进行"使能"。第二层指标数量有 5 个，为降低参与者打分判断的难度，可按照如下分步式进行判断。

（1）将安全、服务和数据组合为一个虚拟绩效（不妨称其为"其他"），此时第二层的绩效类别为"生产""质效"和"其他"，按 AHP 方法确定这三个绩效类别权重，假设计算结果为生产 20%，质效 50%，其他 30%。

（2）再对"其他"这一虚拟绩效项下的"安全、服务、数据"三项指标权重按照 AHP 方法计算权重，假设计算结果为安全 60%，服务 30%，数据 20%。在该基础上乘以 30% 权重，则可得到安全 18%，服务 9%，数据 6%。

第三层指标权重：①参与者包括嘉兴中心总经理和副总经理、保畅部门正副处长、保畅部门各主管；②按 AHP 方法对第三层指标重要性进行打分，直至权重通过一致性检验。

第三层指标说明：为降低判断矩阵打分的难度，可按照如下分步式进行判断。

（1）将"使能"权重固定，在判断矩阵打分中将其排除。以"质效"为例，保畅质效使能 BC、QE、EB 的权重固定为 10%，其他指标权重为 90%。注意：不同绩效类别下的"使能"权重不一定相同。

（2）对剩余的指标权重按 AHP 方法计算权重，并在最终结果上乘以剩余权重。以"质效"为例,收费站管制率 40%×0.9＝36%,主线畅通率 30%×0.9＝27%,平均车速 30%×0.9＝27%。

根据上述步骤,嘉兴中心保畅部门各项指标权重计算结果如表 4-1 所示。

说明: 表 4-1 中的权重仅是嘉兴中心打分计算得到的结果,难免带有强烈的个性特点,因此该计算权重并不完全适用于沪杭甬其他五个中心。如要计算一套适用于沪杭甬其他管理中心的指标权重,应召集每个中心的高管、中层和保畅部门基层骨干员工重新打分计算。

3. 各层指标考核说明

各层指标的权重和考核说明如表 4-1 所示。

说明:

(1) 表 4-1 中 KPI 指标评分标准的依据是嘉兴中心保畅部门历年来的运营数据,管理者可与保畅部门协商共同修正评分标准。

(2) 第二、三层级指标权重确定后,无特殊情况不建议对其频繁调整,建议在一般情况下,每三年重新调整一次权重。

(3) 表 4-1 并没有反映其他维度的指标,例如"保畅＋创新"并未在该表中体现,管理者可视情况,以加分项对这类指标进行赋值,例如获得国家级奖项＋5 分/项。

4.3 数据搜集与绩效分析

当计算好权重之后,搜集必要的数据即可对绩效变动情况展开分析,用于指导和改善保畅部门的运作绩效。2020—2022 年,嘉兴中心管辖的高速公路路段受非抗力影响巨大,期间保畅部门的正常运营也受到了巨大的干扰,其运作绩效指标波动较大。因此,在征得嘉兴中心同意的基础上,本部分仅列出部分 KPI 指标供行业参考(表 4-2),不再对该中心保畅部门的综合绩效展开分析。

4 行业实践：浙江沪杭甬管理中心保畅部门指标体系、权重与绩效

表 4-1 沪杭甬公司嘉兴中心保畅综合绩效权重与考核说明

第一层	权重	第二层	权重	第三层	权重	评价标准 80分标准	细 则（以80分为基准，上下加减，最高100分，最低0分）
运作绩效	87%	生产	25%	百万车公里清障数*	4%	4.2	大于基准每增加0.1%加5分，反之扣5分
				清障施救平均时间	18%	40分钟/辆	大于基准每增加1分钟扣1分，不足一项扣10分
				保畅生产使能	3%	—	制度完备50分，宣贯50分，不足一项扣10分
				收费站管制率	9%	2.2%	大于基准每增加0.1%加5分，反之扣5分
		质效	45%	主线畅通率	26%	99.9%	大于基准每增加0.01%加5分，反之扣5分
				主线平均车速	6%	90km/h	每增加1km/h加5分，反之扣5分
				保畅质效使能	4%	—	制度完备50分，宣贯50分，不足一项扣10分
		安全	9%	日常道路巡查到位率	3%	—	每发现1次不足扣10分，扣完为止
				保畅现场安全事件次数	5%	—	每出现1次有责事件扣50分，扣完为止
				保畅安全使能	1%	—	制度完备50分，宣贯50分，不足一项扣10分
		服务	5%	客户咨询投诉满意度	2%	9.0分	每增加0.05加1分，反之扣1分
				路产损失理赔率	2%	80%	每增加1%加1分，反之扣1分
				保畅服务使能	1%	—	制度完备50分，宣贯50分，不足一项扣10分
		数据	3%	数据录入及时性和准确性	2%	—	每出现1次错误扣2分，扣完为止
				保畅数据使能	1%	—	制度完备50分，宣贯50分，不足一项扣10分
成本管控	13%	保畅成本	13%	每公里每车道保畅成本**	12%	每公里每车道 2.7万元	每增加0.1万元/km扣5分，反之扣5分
				保畅成本使能	1%	—	制度完备50分，宣贯50分，不足一项扣10分
汇总	100%	汇总	100%	汇总	100%	—	—

注：* 百万车公里清障数可用日均每公里清障数代替。
** 每公里每车道保畅成本会随着用工等成本要素的增加而增加，建议每年调整一次。

表 4-2　2020—2022 年沪杭甬公司嘉兴中心保畅部门部分 KPI 指标值

KPI 指　标	2022 年	2021 年	2020 年
百万车公里清障数/(辆/百万车公里)	4.08	4.24	3.47
清障施救平均时间/(分钟/辆)	37.61	42.21	41.90
收费站管制率/%	1.86	2.44	3.40
主线畅通率/%	99.970	99.952	99.901
主线平均车速/(公里/小时)	91.65	93.72	93.75
每公里每车道保畅成本/(万元/公里车道)	2.27	2.56	1.53

附　录

附录1　收费公路车辆通行费客车车型分类

收费公路车辆通行费客车车型分类见表1。

表1　收费公路车辆通行费客车车型分类

类　别	车辆类型	核定载人数	说　明
1类客车	微型 小型	≤9	车长小于6000mm且核定载人数不大于9人的载客汽车
2类客车	中型	10~19	车长小于6000mm且核定载人数为10~19人的载客汽车
	乘用车列车	—	—
3类客车	大型	≤39	车长不小于6000mm且核定载人数不多于39人的载客汽车
4类客车		≥40	车长不小于6000mm且核定载人数不少于40人的载客汽车

来源:《收费公路车辆通行费车型分类》(JT/T 489—2019)4.2.3小节表1。
注:客车分类依据公安机关交通管理部门机动车注册登记的车辆类型和核定载人数。

附录2　收费公路车辆通行费货车车型分类

收费公路车辆通行费货车车型分类见表2。

表2　收费公路车辆通行费货车车型分类

类　别	总轴数(含悬浮轴)	车长和最大允许总质量
1类货车	2	车长小于6000mm且最大允许总质量小于4500kg
2类货车	2	车长不小于6000mm且最大允许总质量不小于4500kg
3类货车	3	
4类货车	4	—
5类货车	5	
6类货车	6	

来源:《收费公路车辆通行费车型分类》(JT/T 489—2019)4.3.4小节表2。
注:货车列车和半挂汽车列车,按牵引车和挂车合并进行车型分类。超过六轴的货车,根据车辆总轴数按照超限运输车辆执行。

附录3 收费公路车辆通行费专项作业车车型分类

收费公路车辆通行费专项作业车车型分类见表3。

表3 收费公路车辆通行费专项作业车车型分类

类别	总轴数（含悬浮轴）	车长和最大允许总质量
1类专项作业车	2	车长小于6000mm且最大允许总质量小于4500kg
2类专项作业车	2	车长不小于6000mm且最大允许总质量不小于4500kg
3类专项作业车	3	—
4类专项作业车	4	—
5类专项作业车	5	—
6类专项作业车	≥6	—

来源：《收费公路车辆通行费车型分类》(JT/T 489—2019) 4.4.2小节表3。

附录4 小客车当量PCU折算系数

小客车当量PCU折算系数见表4。

表4 小客车当量PCU折算系数

车辆类型	折算系数
客车1、2类	1.0
客车3、4类	1.5
货车1类、专项作业车1类	1.0
货车2类、专项作业车2类	1.5
货车3类、专项作业车3类	1.5
货车4类、专项作业车4类	2.5
货车5类、专项作业车5类	4.0
货车6类、专项作业车6类	4.0

来源：车辆类型说明参见附录中表1至表3。

附录5 主线拥堵缓行的定义

公路或城市快速路区间路段平均行程速度与交通拥堵度的对应关系见表5。

表5 公路或城市快速路区间路段平均行程速度与交通拥堵度的对应关系

单位:千米/小时

限速	平均行程速度			
120	≥70	[50,70)	[30,50)	[0,30)
110	≥65	[45,65)	[25,45)	[0,25)
100	≥60	[40,60)	[20,40)	[0,20)
90	≥55	[35,55)	[20,35)	[0,20)
80	≥50	[35,50)	[20,35)	[0,20)
70	≥45	[30,45)	[20,30)	[0,20)
60	≥40	[30,40)	[20,30)	[0,20)
<60	[40,限速值)	[30,40)	[20,30)	[0,20)
交通拥堵度	畅通	轻度拥堵	中度拥堵	严重拥堵
颜色表示	绿色	黄色	橙色	红色
交通拥堵度分级	Ⅳ级	Ⅲ级	Ⅱ级	Ⅰ级

来源:《道路交通拥堵评价方法》(GA/T 115—2020)第6节表4。

附录6 公路技术状况指数 MQI

MQI指标用来评价高速公路技术状况,是养护部门生产的对象。MQI指标下辖路基技术状况指数SCI、路面技术状况指数PQI、桥隧构造物技术状况指数BCI和沿线设施技术状况指数TCI。该指标的描述如表6所示。

表 6　公路技术状况指数 MQI

层级	标号	公路技术状况指数 MQI
第三层	公式	$MQI = w_{SCI}SCI + w_{PQI}PQI + w_{BCI}BCI + w_{TCI}TCI$ 单位：无 说明： • w_{SCI}—SCI 在 MQI 中的权重，取值 0.08 　w_{PQI}—PQI 在 MQI 中的权重，取值 0.70 　w_{BCI}—BCI 在 MQI 中的权重，取值 0.12 　w_{TCI}—TCI 在 MQI 中的权重，取值 0.10 • 对长度小于或大于 1000m 的非整千米评定单元，除 PQI 外，SCI、BCI 和 TCI 三项指标的实际扣分应换算成基本评定单元的扣分（实际扣分×基本评定单元长度（1000m）/实际评定单元长度）。桥隧构造物评价结果（BCI）计入桥隧构造物所属评定单元 • 存在 5 类桥梁、5 类隧道、危险涵洞及影响交通安全的重度边坡坍塌的评定单元，MQI 值应取 0 • 路线公路技术状况评定时，应采用路线内所有评定单元 MQI 的算术平均值作为该路线的 MQI • 公路网公路技术状况评定时，应采用公路网内所有路线 MQI 的长度加权平均值作为该公路网的 MQI • MQI 及各级分项指标评价结果应保留两位小数
	备注	（1）MQI 是一个综合性指标 （2）PQI 是最重要的核心指标，也是行业对标的关键指标 （3）BCI 中的桥隧涵洞等构造物技术指标存在底线，养护部门必须将 BCI 值维持在一定水平之上 （4）SCI 中的边坡坍塌和路基构造物损毁等指标存在底线，养护部门必须将其维持在一定水平之上

注：MQI 详细参考《公路技术状况评定标准》（JTG 5210—2018）第 7.2 节。

附录 7　路面技术状况指数 PQI

PQI 各分项指标权重见表 7。

表 7　PQI 各分项指标权重

路面类型	权重	高速公路、一级公路	二、三、四级公路
沥青路面	w_{PCI}	0.35	0.60
	w_{ROI}	0.30	0.40
	w_{RDI}	0.15	—
	w_{PBI}	0.10	—
	$w_{SRI(PWD)}$	0.10	—
	w_{PSSI}	—	—

续表

路面类型	权 重	高速公路、一级公路	二、三、四级公路
水泥混凝土路面	w_{PCI}	0.50	0.60
	w_{ROI}	0.30	0.40
	w_{PBI}	0.10	—
	$w_{SRI(PWD)}$	0.10	—

来源:《公路技术状况评定标准》(JTG 5210—2018)7.4 节表 7.4.3。

注:PQI 各分项指标的计算公式及其评价方式详细参考《公路技术状况评定标准》(JTG 5210—2018) 7.4.5 至 7.4.12 小节。

附录 8 桥隧构造物技术状况指数 BCI

桥隧构造物扣分标准见表 8。

表 8 桥隧构造物扣分标准

类型(i)	构造物名称	评价等级	计量单位	单位扣分	备 注
1	桥梁	1	座	0	采用现行《公路桥梁技术状况评定标准》(JTG/TH21)的评定方法,五类桥梁所属评定单元的 MQI 值应取 0
		2		10	
		3		40	
		4		70	
		5		100	
2	隧道	1	座	0	采用现行《公路隧道养护技术规范》(JTG H12)的评定方法,五类隧道所属评定单元的 MQI 值应取 0
		2		10	
		3		40	
		4		70	
		5		100	
3	涵洞	好	道	0	采用现行《公路桥涵养护规范》(JTG H11)的评定方法,危险涵洞所属评定单元的 MQI 值应取 0
		较好		10	
		较差		40	
		差		70	
		危险		100	

来源:《公路技术状况评定标准》(JTG 5210—2018)7.5 节表 7.5.1。

注:BCI=min(100−GD$_{iBCI}$)中 GD$_{iBCI}$为第 i 类构造物的累计扣分,最高扣分为 100,按附录中表 8 的规定取值;i 为构造物类型(桥梁、隧道、涵洞)。

附录9 沿线设施技术状况指数 TCI

沿线设施扣分标准见表9。

表9 沿线设施扣分标准

类型(i)	损坏名称	损坏程度	计量单位	单位扣分	权重(w_i)	备注
1	防护设施缺损	轻	处	10	0.25	
		重		30		
2	隔离栅损坏		处	20	0.10	
3	标志缺损		处	20	0.25	
4	标线缺损		m	0.1	0.20	每10m扣1分,不足10m计10m
5	绿化管护不善		m	0.1	0.20	

来源:《公路技术状况评定标准》(JTG 5210—2018)7.6节表7.6.1。

注:$TCI = \sum_{i=1}^{i_0} w_i(100 - GD_{iTCI})$ 中 GD_{iTCI} 为第 i 类设施损坏的累计扣分,最高扣分为100,按附录中表9的规定取值;w_i 为第 i 类设施损坏的权重,按附录中表9的规定取值;i 为损坏类型;i_0 为沿线设施损坏类型总数,取5。

附录10 路基技术状况指数 SCI

路基损坏扣分标准见表10。

表10 路基损坏扣分标准

类型(i)	损坏名称	损坏程度	计量单位	单位扣分	权重(w_i)	备注
1	路肩损坏	轻	m^2	1	0.10	
		重		2		
2	边坡坍塌	轻	处	20	0.25	边坡坍塌为重度且影响交通安全时,该评定单元的MQI值应取0
		中		50		
		重		100		
3	水毁冲沟	轻	处	20	0.15	
		中		30		
		重		50		

续表

类型(i)	损坏名称	损坏程度	计量单位	单位扣分	权重(w_i)	备注
4	路基构造物损坏	轻	处	20	0.10	路基构造物损坏为重度时,该评定单元的SCI值应取0
		中		50		
		重		100		
5	路缘石缺损		m	4	0.05	
6	路基沉降	轻	处	20	0.25	
		中		30		
		重		50		
7	排水不畅	轻	处	20	0.10	
		中		50		
		重		100		

来源:《公路技术状况评定标准》(JTG 5210—2018)7.3节表7.3.1。

注:$SCI = \sum_{i=1}^{i_0} w_i(100 - GD_{iSCI})$ 中 GD_{iSCI} 为第 i 类路基损坏的累计扣分,最高扣分为100,按附录中表10的规定取值;w_i 为第 i 类路基损坏的权重,按附录中表10的规定取值;i 为路基损坏类型;i_0 为路基损坏类型总数,取7。

附录11 AHP层次分析法的指标权重计算理论与方法

层次分析法(analytic hierarchy process,AHP)于20世纪70年代中期由美国匹兹堡大学Katz商学院托马斯·塞蒂(Thomas L. Saaty)教授正式提出。AHP是一种定性和定量相结合的、系统化、层次化的分析方法,在处理复杂的决策问题上具有强大的应用能力,因而广泛应用于军事、交通、农业、工业、教育、医疗和环境等领域的计划和决策活动之中。

AHP计算指标权重时需要依次经历四个基本步骤:①构造层次结构模型;②构造判断矩阵;③确定各指标权重;④一致性检验。

步骤一 构造层次结构模型

构造合理的层次结构模型是确定指标权重的基础。

首先,需要对实际问题及其构成因素进行深入分析;其次,将各因素按照不同属性自上而下分解成若干层次,同一层的诸因素从属于上一层的因素或对上层因素有影响,同时又支配下一层的因素或受到下层因素的作用。最上层为目标层,通常只有1个因素,最下层通常为指标层,中间可以有一个或几个层次,通常为准则层①。HiFORM耗费巨大精力对高速公路财务和运作维度模型进行结构化抽象的意义正是为了构造一个层次分明、结构科学的模型。

保畅运作绩效的层级结构(又称保畅基础模型)如图3-5所示,该层次结构仅考虑了运作维度的保畅绩效,其成本管控绩效并未考虑在内。通常保畅部门的综合绩效由运作绩效和成本绩效构成,因此,保畅部门综合绩效层次结构模型可由图3-6的"保畅+"模型进行描述,此时只需要在第一层目标上虚拟一个"保畅部门综合绩效"指标即可(图4-1)。

步骤二 构造判断矩阵

从层次结构模型的第2层开始,对于从属于(或影响)上一层每个因素的同一层诸因素,利用9分标度法对同一层的两个因素进行成对比较(比较原则如表11所示),并以此构造判断矩阵,直到最下层。

表11 判断矩阵比例标度的具体含义

标 度	意 义	解 释
1	因素i与j同等重要	对上层指标而言,因素i与因素j一样重要
3	因素i比j稍重要	对上层指标而言,指标因素i比因素j略微重要
5	因素i比j明显重要	对上层指标而言,指标因素i比因素j重要
7	因素i比j重要得多	对上层指标而言,指标因素i比因素j明显重要
9	因素i比j绝对重要	对上层指标而言,指标因素i比因素j绝对重要
2、4、6、8		介于两相邻重要程度间
以上各数的倒数		比较因素i与因素j时

示例:对图3-5的第二层绩效类别构造判断矩阵。

第一层:保畅部门运作绩效(记为O);第二层:保畅的运作绩效类别(记为U)。假设邀请了1位专家/管理者对第二程指标的重要性进行成对判断。图1

---

① 以保畅基础模型为例,HiFORM构造了一个三层结构模型。第一层(目标层)为保畅部门的运作绩效;第二层(准则层)用五个基本绩效类别对第一层进行分解;第三层(KPI指标层)是构成各绩效类别的关键KPI。

给出了第一、二层级的 OU 矩阵。举例说明：以 OU 矩阵第一行第三列数据为例，其数值为 3，表示“相对于保畅部门运作绩效（第一层目标），生产（BC. PD）比安全（BC. SF）稍重要”。专家/管理者只需给出 OU 矩阵右上角的数值判断即可，左下角数值为右上角的倒数。

$$
\begin{array}{cc}
 & \begin{array}{ccccc} \text{BC. PD} & \text{BC. QE} & \text{BC. SF} & \text{BC. SV} & \text{BC. DT} \end{array} \\
\text{OU} = \begin{array}{c} \text{BC. PD} \\ \text{BC. QE} \\ \text{BC. SF} \\ \text{BC. SV} \\ \text{BC. DT} \end{array} & \begin{bmatrix} 1 & 2 & 3 & 5 & 8 \\ 1/2 & 1 & 3 & 4 & 6 \\ 1/3 & 1/3 & 1 & 3 & 4 \\ 1/5 & 1/4 & 1/3 & 1 & 3 \\ 1/8 & 1/6 & 1/4 & 1/3 & 1 \end{bmatrix}
\end{array}
$$

图 1　OU 判断矩阵示例

注意事项如下。

(1) 专家/管理者打分前：需要向其仔细介绍层次结构模型的构成，以及各个元素对应的现实意义。

(2) 专家/管理者对象选择：不同层级的 OU 矩阵，需要专家/管理者层级应有所不同。第一、二层 OU 矩阵需要的管理者层级较高（如中高层管理者），第二、三层 OU 矩阵可邀请中基层管理者参与打分。

(3) 专家/管理者人数：为确保下一步权重计算的科学性，一般需要 5 位以上（最多不超多 11 位）的专家/管理者分别独立给出判断矩阵。最终 OU 矩阵中各元素取所有人的加权平均值。每个人的权重并不一定是相同的，比如其中某位专家/管理者的意见特别重要，也可调高其权重比例。

步骤三　确定各指标权重

仍以图 1 为例。根据 OU 判断矩阵，计算 BC. PD、BC. QE、BC. SF、BC. SV、BC. DT 五个绩效类别的权重 $w_1 \sim w_5$，其向量为 $\boldsymbol{W} = [w_1, \cdots, w_5]^{\mathrm{T}}$。计算步骤如下。

(1) 计算 OU 矩阵每一行元素的乘积 P_k：$P_1 = 1\times2\times3\times5\times8 = 240$，$P_2 = 36$，$P_3 = 1.33$，$P_4 = 0.05$，$P_5 = 0.001736$。

(2) 计算 P_k 的 n 次方根 $\overline{P_k}$，其中 n 为 OU 矩阵的阶数，本示例中 $n=5$。

(3) 归一化处理计算得到权重 w_k：$w_1 = \dfrac{\overline{P_1}}{\sum\limits_{k=1}^{5}\overline{P_k}} = 0.43$，$w_2 = \dfrac{\overline{P_2}}{\sum\limits_{k=1}^{5}\overline{P_k}} = 0.29$，$w_3 = 0.16$，$w_4 = 0.08$，$w_5 = 0.04$。

步骤四 一致性检验

该步骤非常重要。为判断专家/管理者打分是否合理、所有人的意见是否一致趋同，必须对判断矩阵进行一致性检验，如果未通过一致性检验，则需要回到步骤二，重新解释层次结构模型和各因素的意义，然后对判断矩阵重新打分，直至通过一致性检验。

仍然以图 1 的 OU 矩阵为例，其一致性检验的步骤如下。

(1) 计算 OU 矩阵一致性指标 CI(consistency index)：$CI = \dfrac{\lambda_{\max} - n}{n-1}$。其中，$\lambda_{\max} = \dfrac{1}{n}\sum\limits_{k=1}^{n}\dfrac{AW_k}{w_k}$ 为 OU 矩阵的最大特征根，$AW = OU \times W$。

本示例中，$AW = [2.21, 1.55, 0.80, 0.41, 0.21]^T$，$\lambda_{\max} = 5.17$，$n = 5$，$CI = 0.0425$。

(2) 查表找出平均随机一致性指标 RI(random index)，如表 12 所示。本示例中 $n=5$，对应 $RI = 1.12$。

表 12 平均随机一致性指标 RI

n	1	2	3	4	5	6	7	8	9	10	11
RI	0	0	0.58	0.92	1.12	1.24	1.32	1.41	1.45	1.49	1.51

(3) 计算一致性比例 CR(consistency ratio)：$CR = \dfrac{CI}{RI}$。本示例中，$CR = 0.04$。

一般而言，CR 值越小，判断矩阵的一致性越好，说明所有专家/管理者的意见和判断趋于统一。通常，CR<0.1 即可认为判断矩阵满足一致性检验；否则需要请专家/管理者对判断矩阵重新进行打分。

致 谢

"正如 SCOR 模型抽象了供应链，HiFORM 抽象了高速公路。"

HiFORM 不仅是一个面向高速公路运营行业的通用参考模型，更是一套高速公路经营管理的理念，同时还是一套管理方法和工具。

HiFORM 开发是一个艰难但快乐的过程。HiSORC 团队走访了国内数家高速公路运营管理公司、近百名高中基层人员，深入了解了高速公路公司和管理中心的各业务条线的运作流程和问题，历经一年半的理论推导和抽象，反复论证、数易其稿方才将其呈现于您。我们希望 HiFORM 能够为中国各省市高速公路运营管理公司提供一个可参考、可对标，同时兼容企业个性的指标框架体系。为此，HiSORC 竭尽全力确保指标层次体系的科学性、开放性和完备性，尽量做到每一项指标的精确性、有用性和兼容性。HiFORM 目前还是 1.0 版本，难免会出现很多问题，我们希望携手更多企业共同推进 HiFORM 的进化和迭代，为中国高速公路提质增效和精细化管理做出更大的贡献。

感谢浙江省交通投资集团、浙江沪杭甬高速公路股份有限公司、浙江交投高速运营管理公司的各级领导和同志一直以来对 HiFORM 开发的大力支持。参与 HiFORM 1.0 版撰写的同志有陈寒玉、朱灵敏、吴伟、潘桂良、郝清珍、高永、沈惠东、黄晓东、封加维、盛燕、沈卫锋、陈月平、蔡露瑶、王丽健、吕柱梁、朱恺、盛恩品等，浙江省交通投资集团的袁迎捷副总经理，浙江交投高速公路运营管理有限公司的于群力董事长及陈乐平、王伟、李炫、徐权、谢晓辉、金晓东、陈浙华、金焕春、何玲萍等同志，浙江沪杭甬高速公路股份有限公司的方勇、金峰同志，浙江高信技术股份有限公司的王淮华、温正放同志。

特别感谢我的访工导师梅敬松总工，正是因为他的耐心指导，HiFORM 才更具实践价值和行业影响力。

　　需要感谢的人很多，难免挂一漏万。再次感谢帮助 HiFORM 的同志和朋友们，你们的热忱和真诚，让我们深受感动和鼓舞。

王任勇　包兴

2023 年 10 月于杭州